カーネギー『道は開ける』

HOW TO STOP WORRYING AND
START LIVING

齋藤孝が読む

齋藤 孝

創元社

はじめに

この本はデール・カーネギーの主要3部作（『人を動かす』『道は開ける』『話し方入門』）のひとつ『道は開ける』を、社会人になったばかりの若い方を設定して、わかりやすく解説した本です。

カーネギーは、〝自己啓発書の巨人〟のような人で、とくにこの『道は開ける』は悩みがあればどうすればいいかについて、ひと通り全部を解説しています。

悩みに関するいろいろな本を買って読むより、この本が1冊あれば「ああ、全部書いてあったんだ」と納得できる内容になっています。

ただ、カーネギーが生きた時代は１００年ほど前ですから、悩み自体は昔から変わらないとはいえ、今の日本の状況に必ずしもフィットしない部分もあるかもしれません。そこで私が現代風にアレンジしてお届けするという形にしています。

対象はいちおう22歳をイメージしましたが、その理由はこれから社会に出ていく人たちにプレゼントしたい本だからです。私は大学で18歳から23歳ぐらいまでの若者を教えています。彼らが大学にいる4年の間に、何とか一生社会でやっていける力をつけさせて送り出そうとしているわけです。

そうでないと、いきなり社会に出たときにショックを受けてしまい、状況を悪くしてしまうことがあるからです。言ってみれば、自動車学校に行かないで、いきなり運転を始めてしまうようなものです。

運転のしかたを習わずに、高速道路を走ったら、大事故を起こしてしまいますよね。これは「世間知らず」ということです。「世間知らず」は大変危険です。

だから人生にも本当は自動車学校のようなものが必要です。私が現代風にアレンジしたカーネギーの本を読むということは、教習所に行っているようなものです。

社会人としての人とのつきあい方、心の持ち方を学んでおき、誰もがぶつかる悩みについても解決法を知っておけば、「自分だけがひどい目にあっている」「自分だけが苦しい」という「世間知らず」におちいらずにすみます。

私は若いころから何度かカーネギーの3部作を読み返していますが、今回改めて『道を開く』を読んでみて、今の50代の自分にとっても「ああ、そうなんだ」「このことは覚えておかなきゃ」と思い直すきっかけになりました。

その意味でいうと、若い方を想定してつくった本ですが、30代の方、40代の方、私のように50代の方が読まれても、「まさにその通り」と納得できる内容になっているのではないかと思います。

たとえば、自分がいろいろ骨を折ってあげたのに、相手はまったく感謝するそぶりすら見せなかったとします。「何て恩知らずなんだ！」と怒る前に、この本を読んでおけば、「そもそも人はみな恩知らずがふつうなんだ」「感謝してもらおうと期待したほうが間違っている」とはっきり書いてあるので、むしろ心が楽になります。

カーネギーはたくさんの本を読み、多くの人と会っています。そうした自分の経験も踏まえて「これはおよそ確かだろう」というものをきちんと言葉にしてくれています。その多くは基本的であたりまえのことですが、真理というのはけっこうあたりまえのことが多いのです。イエス・キリストも仏陀（ブッダ）も基本的に言っていることは共通しています。それを実践できるかどうかが一番大切なところです。

ですからみなさんも、この本を読んで、ひと言でも気になる言葉があったら、自分の手帳に写してみるのがいいと思います。そして「人に期待せずに、むしろ恩知らずを予期しよう」とか「厄介事を数え上げるな、恵まれているものを数えてみよう」などという言葉を1週間意識して、生活してみるのです。

そうやって具体的な生活に落とし込んでいくと、カーネギーの言葉が自分の中で血肉化してくるでしょう。「実践的であれ」というのがカーネギーのメッセージです。

なお原本の最初には「本書から最大の成果を得るための九カ条」として次の9つがあげてあります。簡単に要約してみます。

第一条　「真剣に学ぼうとする向学心」と「悩みを断ち、新しい門出をしたいという固い決意」を持って読んでほしい。
第二条　各章を速読し、もう一度同じ章を精読してほしい。
第三条　読んだ内容についてどう活用できるか自問する。
第四条　赤鉛筆やペンを持ち、役立ちそうな箇所には線を引いたり二重丸をつける。
第五条　目の前に本を置いて、拾い読みしたり、内容を思い出す時間をとろう。
第六条　線を引いた部分を再読しよう。
第七条　本に書かれている内容に違反した場面を家族に見つかったら、罰金を払う。

第八条　毎日、または毎週自己反省と、それを踏まえて、翌日または翌週の予定をたてよう。

第九条　この本の原則を応用して成功した事例を日記で記録する。

中には応用しづらいものもあると思いますが、重要なところには線を引く、というのは私が「3色ボールペン活用術」で言いまくってきたことです。重要なところは赤、まあまあ重要なところは青、個人的に興味を引いたり、面白かったところは緑色で線を引き、二重丸、三重丸をつけていくのが「3色ボールペン活用術」です。

とくに重要なところはページの角を折ってしまってもいいと思います。そして線を引いたり、ページを折ったところを再読していくと、より内容が理解できます。

みなさんもカーネギーのアドバイスを実生活に活かしながら、悩みを解決して、たくましく社会を生きていってください。

なお本書では原著の項目と各項目の終わりにあるカーネギーの言葉をそのまま残してあります。機会があれば原著にも目を通していただけると、よりいっそう内容が身につくと思います。

【もくじ】

⑭ 恩知らずを気にしない方法
人は感謝しないのだから、それを期待するほうがバカだと思おう……94
⑮ 百万ドルか、手持ちの財産か
ないものねだりをするより、持っているものの価値に気づこう……99
⑯ 自己を知り、自己に徹する
スペシャルな自分に気づき、「自分らしく」あることを肯定しよう……104
⑰ レモンを手に入れたらレモネードをつくれ
不快なことがやってきても、それを楽しめば喜びに変わる……110
⑱ 二週間でうつを治すには
人を喜ばせることを考えれば、自分の悩みを考えている暇がなくなる……115

第五章 悩みを完全に克服する方法

悩みを完全に克服する方法……121
⑲ 私の両親はいかにして悩みを克服したか
手を合わせて祈ることで、悩みは軽減されていく……122

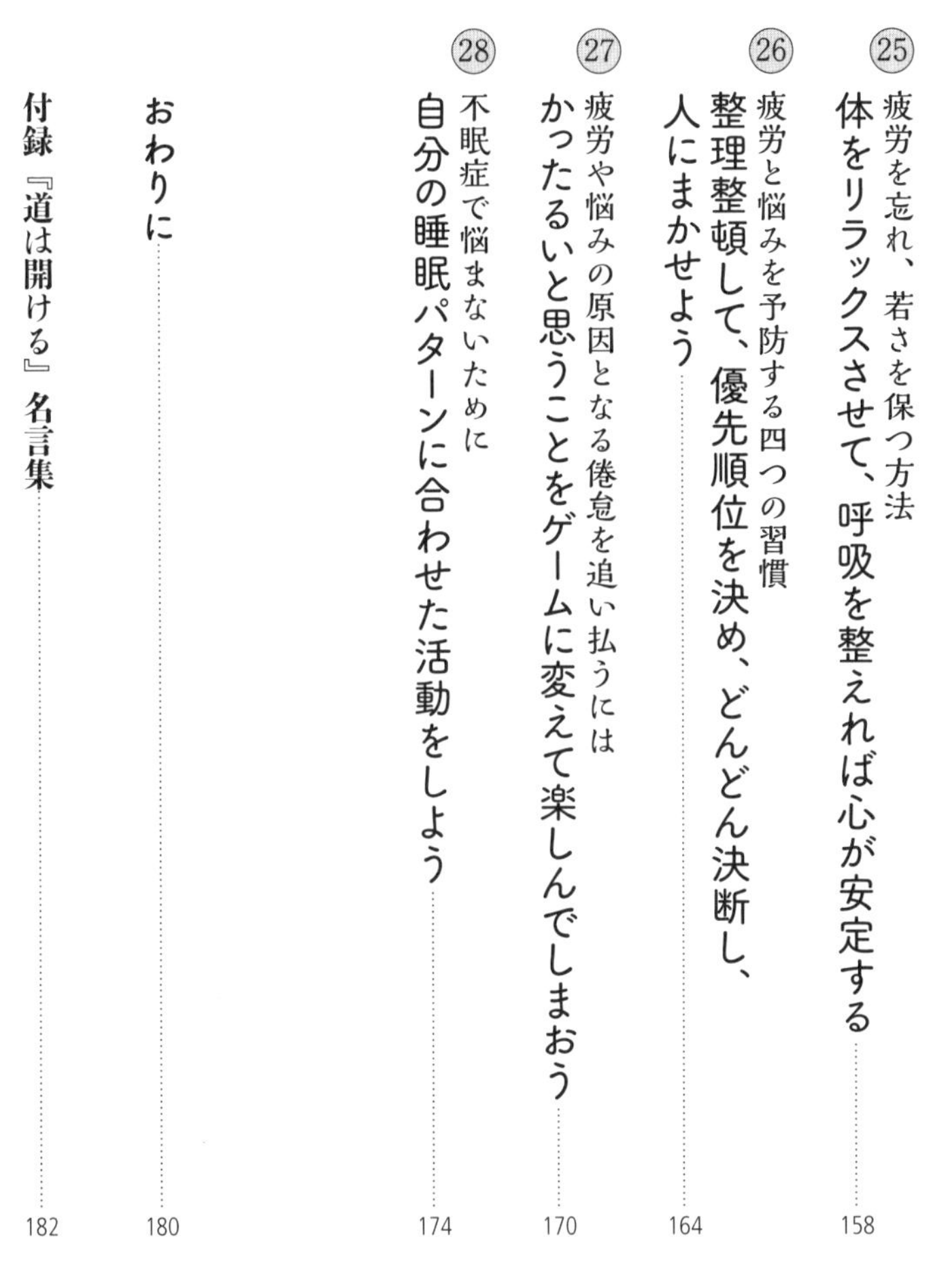

原著『道は開ける』について

原著の『道は開ける』（『How to Stop Worrying and Start Living』）は、デール・カーネギー(Dale Carnegie)によって書かれました。大ベストセラーとなった『人を動かす』（『How to Win Friends and Influence People』）の続編として１９４８年に刊行されたものです。

『人を動かす』が人間関係について書かれているのに対して、『道は開ける』は誰もが抱える悩みについて、その実態や解消法などが具体的に記されています。

そのためこの2冊をセットとして販売されることが多く、現在は『人を動かす』と『道は開ける』がカーネギーの2大名著として、ロングセラーを続けています。

『道は開ける』には古今東西の専門書や伝記からの引用だけでなく、カーネギー自身による各界の著名人へのインタビューや、受講生を対象にした実践や検証などが取り上げられています。

実はカーネギー自身、悩み多き人だったために、悩みについてまとめたこの一冊に、格別の労力を注ぎ込んだことがうかがえます。

著者のカーネギーは１８８８年、アメリカのミズーリ州の農家に生まれました。教師をめざして州立学芸大学に入りますが、卒業後は中古車や教材のセールスマンなど職を転々としました。

その後、念願の講師としてＹＭＣＡの夜間学校に職を得ることに成功。実力を発揮して成人教育のクラスの人気講師になります。このとき、研究や実践を重ね、自前でつくったのが、のちに『人を動かす』のもとになる教材でした。

さらにカーネギーは成人教育のクラスの生徒たちが、多くの悩みを抱えていることに気づきます。それは彼自身の悩みとも重なるものでした。ところが当時、悩みに関する本はほとんどなかったのです。再び、カーネギーは研究や実践に没頭。大変な手間ひまをかけて『道は開ける』を書き上げたのです。

この本には哲学的、思想的な考察に加え、悩みに対する具体的な解決策も提示されています。密度の濃い、ひじょうに実用的な内容となっていて、多くの人の救いになりました。長い年月をへてもなお普遍性を持ち、悩みを持つたくさんの人々に求められる名著となっています。

第一章

悩みに関する基本事項

1 今日、一日の区切りで生きよ

終わった過去や、起きていない未来は考えてもしかたない

◆過去を悩む「後悔」、未来を悩む「不安」

人生に悩みはつきものです。しかし私たちの悩みや心配事のほとんどは、先を考えすぎることによる「不安」か、過去のことを悩む「後悔」につきるのではないでしょうか。

私も22～23歳のころは、30歳過ぎのことをずいぶん心配して、30代でどうやって日本を救おうかとそればかり考えていたので、目先の就職活動をおろそかにして、収入がなくて困ったことがありました。

カーネギーは『鏡の国のアリス』に登場する白の女王ホワイト・クィーンのこんな言葉を引用しています。「明日になったらジャムがあるとか、昨日だったらジャムがあ

ったのにといっても、それは今日のジャムでは絶対ないのだ」

まさに20代の私のことです。**昨日のことで悩む「後悔」と、将来のことで悩む「不安」の2つを遠ざければ、悩みはかなり少なくなると思います。**

カーネギーはアメリカのジョン・ホプキンス大学の創立に貢献したオスラー医師の話を書いています。オスラーはイギリス国王からナイトの称号を授けられたほどの成功者です。彼はエール大学での講演で、自身の成功の鍵について、「一日の区切りで」生きてきたためだと言っています。

あるとき、オスラーは大西洋を渡る豪華客船に乗り込みます。運河を渡るさい、船は水位調整のため、鉄の防水壁で区切られた区画の中に入りました。船の前と後ろで鉄の大防水壁が閉じられるとき、オスラーはこう思います。

まるで鉄の扉が過去を閉め出し、未来を閉め出すようである、と。そして彼はこんな教訓をエール大学の学生たちに贈るのです。

あなたがたはこの豪華客船よりもっと長い、人生という航海をするはずです。この航海を安全なものにするために「今日、一日の区切りで生きる」習慣を身につけてください。

もし鉄の扉があるとして、昨日までのことをバシッと閉め出す。明日からのことも同様にシャットアウトする。そうすると、病原菌やエイリアンのような変なものが入ってこないので、「今」が安全に保たれるというわけです。

◆今に集中すると、パフォーマンスが上がる

「今日、一日の区切りで生きる」とは、別の言い方をすれば、今に集中して生きるということです。最近はやっている「マインドフルネス」は禅の瞑想（めいそう）を取り入れた技法で、これも今に集中するやり方です。

過去のことは「もう終わってしまったことだから、考えてもしかたない」

未来のことは「まだ起きていないのだから、今考えてもしかたない」

時は連続していますが、その前後を切断して、「今考えられることは何だろう」と今に集中する。すると知恵がもっとも働く、リラックスした状態がつくれます。

それが「マインドフルネス」です。

今への集中が乱れると、とたんにパフォーマンスが落ちることがよくあります。

私は高校野球が大好きで、全国大会の甲子園の試合はすべて見ているのですが、9

回の裏、あとひとり打ち取れば勝ち、という場面から、ピッチャーのコントロールが乱れたり、守備が凡ミスをして、逆転されるケースがどれほど多いことか。

「あ・と・ひ・と・り」の状態になったとき、頭によぎるのは「失敗したらどうしよう」という不安です。それが「今」に入り込んで、集中を乱してしまうのです。

ピアノなど楽器を習っている人にも、同じような経験があるのではないでしょうか。何も考えないで弾いているときはうまくいくくせに、発表会で弾いていて、「あと少しで終わり」というときにミスをしてしまう。

前後の時間を切断して、今に集中することが大事なのです。

しかしこれは決して、明日のことをまったく考えるな、ということではありません。たしかにイエス・キリストは「明日のことを考えるな。明日のことは明日自身が考えるだろう。一日の苦労はその一日だけで十分だ」と言っています。

でも当時と今では言葉の意味が少し変わっているといわれています。300年前には「考える」は「心配する」という意味で使われていたのです。

ですから、現代語訳の英訳聖書では「明日のことを思い悩むな」と、より正確な表現になっています。要するに明日のことは配慮すべきだとしても、心配したり、思い悩んだりする必要はないのです。

◆今日をムダにしないための5つの質問

心配や不安にとらわれていると、今日という日をムダにすごしてしまいます。哲学者のダンテが言うように「今日という日は、もう二度とめぐっては来ないことを忘れるな」です。

人生は信じられないほどのスピードで過ぎ去っていきます。ですから、毎日、「今日を新しい人生」としてせいいっぱい生きるべきでしょう。

カーネギーは、「今日、一日の区切りで生きる」ために、自分自身に5つの質問をするようにすすめています。社会人になりたてのみなさんも、かけがえのない今日を生きるために、ぜひこの質問を自身に問い、答えてみるといいでしょう。

1、私は、未来に不安を感じたり、ありもしない未来を妄想したりして、ともすると現在の生活から逃避していないだろうか?

2、私は、過去の出来事——すでに決着のついた事柄——を後悔するあまり、現在をも傷つけてはいないだろうか?

3、朝起きる時に「今日をつかまえよう」——この二十四時間を最大限に活用しよう——と心に誓っているだろうか?

4、「今日一日の区切りで生きる」ことによって、人生をもっと豊かにできるだろうか？

5、以上のことをいつからはじめるべきか？　来週から？　明日から？　それとも今日からか？

カーネギーのアドバイス

過去と未来を鉄の扉で閉ざせ。今日一日の区切りで生きよう。

悩みを解決するプラクティス

- 自分が考えていることを、「過去のこと」「未来のこと」「今日のこと」と分けていき、今日すべきことを洗い出そう。
- 今に集中するために、前後の時間を切断しよう。
- 悩んだときはカーネギーの５つの質問をしてみよう。

2

悩みを解決するための魔術的公式

最悪を想定し、覚悟を決めれば、打開策が浮かんでくる

◆悩みを解決する3つの手順

悩みを抱えているとき、悪いことが連鎖して次々と押し寄せてしまうのが、一番避けたい事態です。社会人になりたてのころは、まだ環境に慣れないので、いったん悩みのドツボにはまってしまうと、気持ちばかり焦って、心のそわそわが止まらなくなってしまうことがあります。

そうなると、悩みを解決する出口もなかなか見つかりません。そんなときどうするのかというと、カーネギーは以下のような3つの手順をあげています。

1、まず状況を率直に分析し、その失敗の結果、起こりうる最悪の事態を予測する。

2、最悪の事態を予測したら、やむをえない場合は、その結果に従う覚悟をする。
3、覚悟ができたら、最悪の事態を少しでも好転させるように、冷静に自分の時間とエネルギーを集中させる。

カーネギーにこの手順を教えたのは、ウィリス・キャリアというエンジニアでした。彼は若いころある装置を得意先に設置しましたが、予期せぬ障害にみまわれます。心配のあまり眠れない夜が続いたとき、考え出したのがこの3つの手順による不安解消法だったのです。

まずはじめにキャリアは最悪の事態を予測してみました。会社から首を切られるかもしれませんが、誰かに逮捕されたり、射殺されることはないでしょう。次に、やむをえないときは、その結果に従う覚悟をしました。会社を首になる覚悟を決めたのです。多少経歴に傷がつくかもしれませんが、次の仕事が見つからないというわけではありません。

そう覚悟を決めると、気分が落ち着いてきました。キャリアは何日かぶりで心の平安を得ることができました。そして最後に、これを転機として、今起きている障害を解決するために、あらゆる努力をすることにしました。何度か試験をくり返した結果、彼はトラブルを解決する方法を見つけ、会社に利益をもたらしたのです。

カーネギーはこの3つの手順を、「悩みを解決するための魔術的公式」と呼んでいます。多くの悩みはこの公式で解決できるというのですから、まさに魔術的といってもいいでしょう。

◆初デートですっぽかされても折れない考え方

この公式はたしかに応用範囲が広いと思います。たとえばこれから初デートに行く若い男性のケースにあてはめてみましょう。彼は、初デートがうまくいくだろうかと、胃が痛くなるほど心配しています。でもそんなことをいくら悩んでも、まったく意味がありません。

そういうときにこの公式を使うのです。まず、最悪の事態を予測してみます。たとえば相手が来ない場合があります。統計的に、女性が初デートをすっぽかすことはままあります。

それを覚悟しておくと、たとえすっぽかされても、「デート代が浮いたから、そのお金で特盛りのラーメンを食べればいいや」とか「来ないというのは気がないということだから、早めにわかってよかった」と思えます。

あるいは、彼女がやって来ても、全然話が盛り上がらなかったとします。それも覚悟しておけば、「そんなに気が合わない人とこれからつきあうのは大変だから、話が盛り上がらなくてよかった」とか「そんな人と結婚して、その後うまくいかなかったら大変なことになったなあ」と前向きに考えることができます。

すると、「じゃあ、次の人を探せばいいんだ」とすっきり前を向くことができます。

ここまで考えておけば、初デートであれこれ悩むのが馬鹿らしくなってくるのではないでしょうか。

◆最悪を受け入れれば、こわいものは何もない

最悪の事態を受け入れる覚悟という意味でいうと、『葉隠（はがくれ）』という本が、大変参考になります。この本は江戸時代、佐賀藩の山本常朝（じょうちょう）という武士が語ったもので、「武士道とは死ぬことと見つけたり」という言葉が有名です。

これは、何も死ぬことをすすめているのではありません。つねに死を覚悟することで、心安らかに生きられると言っているのです。

人間は楽な道と辛（つら）い道があれば、楽なほうへ行きたがります。でも楽な道を選ぶことで、逆に辛い結果を招くことがよくあります。だから死を覚悟して、辛いほうへ行

く心の準備をすると、かえって気は楽になる、というアドバイスをしているのです。

たしかにほとんどの人にとって、最悪の事態は死ぬことなので、それを覚悟している武士は、何が起きても動じないですみます。

最悪の事態を想定するのは、嫌な気がしますが、それ以上悪いことは起きないのだ、と考えれば、落ち着いて現実に対処できます。

私たちは武士道の伝統のある国に生まれているのですから、本来は世界で一番覚悟ができているはずです。世界にはまだ日本に侍（さむらい）がいるのではないかと期待して来る人もいるのに、私たちが何の覚悟もできていないとすれば、少しみっともない気がします。


カーネギーは中国の思想家、林語堂（りんごどう）の『生活の発見』という著書から、「真の心の平和は、最悪の事柄をそのまま受け入れることによって得られる。心理学的に考えれば、エネルギーを解放することになるからであろう」という言葉を引用しています。

そしてこんなことをつけ加えています。

「私たちが最悪の事柄を受け入れてしまえば、もはや失うものはなくなる。裏を返して言えば、どう転んでも儲け（もう）ものなのだ！」

このさい**最悪を想定して、「だとしても、まあ殺されるわけじゃないし」とか「全財**

産を失うわけじゃないし」と考えるのがいいのではないかと思います。そして深呼吸して心を落ち着かせたら、打開策を考えてみましょう。

そわそわした心のときには思いつかなかったアイデアが浮かぶに違いありません。

カーネギーのアドバイス

❶「起こり得る最悪の事態とは何か」と自問すること。
❷やむをえない場合には、最悪の事態を受け入れる覚悟をすること。
❸それから落ち着いて最悪状態を好転させるよう努力すること。

悩みを解決するプラクティス

- 思い切り最悪の事態を想像してみよう。そして「ま、殺されるわけじゃないし」とつぶやいてみよう。
- 深呼吸して心を落ち着かせたら、打開策を考えてみよう。

3 悩みがもたらす副作用

悩みを放置するとエネルギーがダダ漏れするから気をつけよう

◆知らない間にエネルギーが漏電する

世の中には悩むのが好きという人もいます。大学でも学生たちが学食やカフェテリアで悩み事相談のような話題で盛り上がっていることがあります。それは軽い悩みですみますが、もっと本格的に気が重くなってしまう悩みの場合は要注意です。

それらを放置すると、自分では大したことがないと思っていても、知らない間にエネルギーが漏電して、「なんでいつもこんなに疲れているのかな」という状態になったり、現実に何かの課題に対して動こうとするとき、エネルギー不足になってしまうのです。

たとえば来週の月曜日までに報告書をまとめなければいけないというケース。ずっと気になっているのだけれど、何もしていないと、1週間ずっとうんざりし続けることになります。これが意外にエネルギーの消耗になります。

だったら1週間忘れておいて、前日の夜に徹夜してやる。あるいは言われた日に、すぐさまやってしまう。あるいは毎日少しずつやる。方法は3つしかありません。悩みを放置しないで、このどれかをさっさとやれ、という話です。

ちなみに私は夏休みの宿題でも、毎年8月31日に爆発的にやるタイプでした。神経が太くて、宿題のことなど完全に忘れられる子どもだったので、このやり方でよかったのです。でもずっと気になるタイプの人は、先にやったほうがいいと思います。

とにかく自分のところに押し寄せてくる不安や悩みが、どのように自分を蝕んでいるのかに気づくことが大事です。

◆対策をとらないと生命を蝕むことさえある

アメリカには世界のＶＩＰが診察を受けることでも有名なメイヨー・クリニックという総合病院があります。カーネギーはこのクリニックの医師へイバイン博士とやりとりした結果を取り上げています。

それによると、博士が診断した176人の会社役員のうち、3分の1強が心臓病、消化器系潰瘍、高血圧のいずれかにおかされていて、これらの原因は高度の緊張生活の結果だということでした。

悩みがいかに人間の体を蝕むかがよくわかる例でしょう。

ギリシアの哲学者プラトンも「医師の犯している最大の過失は、心を治療しようとせずに、肉体を治療しようとすることだ。しかし、心と肉体は一つのものであり、別々に治療できるはずがない！」と言っています。

カーネギーはノーベル医学賞を受賞したアレクシス・カレル博士の言葉も引用しています。

「悩みに対する戦略を知らないビジネスマンは若死にする」

悩みに対して、ちゃんとした対策を取らないと、生命さえ蝕んでしまうぞと警告しているわけです。

◆経験豊かな人にアドバイスを求めよう

まずは悩みに対して戦略的に臨むことが重要ですが、ではどうすればいいのかというと、**私はまずは人に相談してみるといいと思います。ただし相手は経験豊富な人に限ります。**よくあるのは、友だちに相談するというものです。友だちと話すと気が楽になります。しかし、友だちは自分と同じ程度の経験、知識しかないので、アドバイスには限界があります。

会社選びで悩んでいるのに、社会を知らない人に聞いても微妙です。相談相手を間違ってはいけません。

あるとき私の教え子で、ＩＴ企業を起こして成功したいという学生がいました。

彼いわく、出資者を募(つの)って、そのお金でデザイナーやコンピュータの専門家など才能ある人たちを雇えば成功できる自信がある、とのことでした。でもその方法がわからずに、ずっと悩んでいるのだそうです。

そこで、私が「ＩＴの起業家をたくさん世話して、自分も成功している知り合いがいるから、聞いてみてあげる」と言って、その人に相談してみました。

すると、初めから出資者を募るのは難しくて、まずは自分でできる範囲でアプリを開発したり、ユーチューブで作品を公開し、支持者を集めるのが先決だそうです。

そして「支持者がこれだけいます」という実績を示して、出資者を集めなさい、とのアドバイスでした。
なるほど、実績からスタートしないと、出資してくれる人も集まりません。経験豊富な人の言葉は価値があります。友だちに相談したのでは、こうした答えは返ってこないでしょう。
なお、相談したら、答えを聞くだけでなく、それを徹底して実行してみることも大切です。相談して、実行するのは悩みに対する戦略の有効な手段になるでしょう。

カーネギーのアドバイス

悩みに対する戦略を知らない者は若死にする。

悩みを解決するプラクティス

- 悩みを放置するとエネルギーを消耗し、心身にダメージをもたらすと肝に銘じよう。
- 悩んだら、経験豊富な人に相談してみよう。
- 自分と同レベルの人に相談できるのは、どうでもいい悩みだけだ。

第二章

悩みを分析する基礎技術

4

悩みの分析と解消法

悩みは必ずA4の紙に書き出し、頭で整理しよう

◆9割の悩みが解決できる4つの手順

第一章で「悩みを解決するための魔術的公式」として、3つの手順について説明しました。しかしこれで全部の悩みが解決できるのかといったら、そういうわけではありません。カーネギーはさまざまな悩みに対処するやり方として、次の4つの手順を踏めば、悩みの9割が解決できると述べています。

悩みの9割もが解決できる4段階とは、どんなものなのでしょうか。

1、悩んでいる事柄を詳しく書き出す。

2、それについて自分にできることを書き記す。

3、どうするかを決断する。

4、その決断を直ちに実行する。

カーネギーはこの手順を、上海で保険会社を経営していたアメリカ人実業家リッチフィールドから学んだといいます。リッチフィールドの会社は第二次世界大戦中、日本軍に占領され、資産の清算を命じられました。

彼は命令に従いましたが、香港支店から預かっていた証券は、意図的に除外しました。それを日本の将官に発見され、怒りを買ってしまったのです。しかしそれは日曜日のことで、たまたま会社にリッチフィールドは不在でした。

部下から連絡を受け、リッチフィールドは狼狽（ろうばい）しました。日本軍に逆らったのですから、逮捕されるのは間違いありません。しかし彼は心を落ち着け、2つの質問と答えを書き出してみました。すなわち、

1、悩みの種は何か？

2、それに対して、自分は何ができるか？

1については、月曜日、出社したときに日本軍につかまって、牢獄（ろうごく）に投げ込まれるのではないかと、びくびくしている、というのが答えです。

2について、自分に何ができるか、リッチフィールドは何時間も考えました。そして自分が取れる4つの行動と、そこから生じそうな結果も文字にしていきました。

1、日本軍の将官に釈明する。でも将官は英語がわからないので、通訳を介してだと誤解が生まれる可能性がある。将官をもっと激怒させるか、面倒くさがってそのまま自分を牢獄に送り込むかもしれない。

2、このまま逃亡するのはどうか。それは不可能だ。つかまって銃殺されるだろう。

3、家に閉じこもって会社に行かない。そんなことをしたら、将官は兵士を差し向け、自分の弁明も聞かずに、牢獄に放り込むだろう。

4、何食わぬ顔で会社に行く。将官は忙しいので、自分のことなど忘れているかもしれない。思い出したとしても、弁明するチャンスくらいはあるだろう。

リッチフィールドは第4の計画を選択し、月曜日、平気な顔で会社に行きました。日本人の将官は彼をにらみましたが、何も言わなかったそうです。その6週間後に、将官は日本に呼び戻され、リッチフィールドの悩みは解消しました。

彼の命が助かったのは、(1)悩んでいる事柄を書き出し、(2)自分にできることを書き記し、(3)決断して、(4)実行した、からです。

◆心の整理より頭の整理

この4つの手順のポイントは**文字にして書き出すという点です。文字にすると、たいていのものは正体がはっきりします。**もともと文字にはそうした力があるのです。あまりに威力があるので、古代には文字が呪術として使われていたぐらいです。占いに使われていた甲骨文字をはじめとして、漢字もはじめは神様を祀ったり、呪いをかけることに使われていました。人類にとって文字は一種の魔術的効果を持つといってもいいのです。

さらに文字があることによって、もやもやしていた霧が晴れるように、考えがすっきりしてきます。文明がつねに文字とともにあったのも、そのあらわれです。

そういうことを考えると、書き出すことは、問題解決をするには、大変威力があるのもうなずけます。

私は会議のとき、必ずホワイトボードを使います。意見を整理して、A案、B案、C案といったように書くだけで、会議が一気に進みます。

「現実的にやるとしたらB案しかないですよね」「じゃあ、B案の中でスモールa、b、cのどれがいいですか?」「aの人、bの人、います? いない。じゃあスモールc

で」「最後はスモールcの中で1、2、3のどれにします?」などと、チャート式のようにやっていくと、難しい問題もあっさり解決してしまいます。

実は私は高校生のときから、人の悩みを聞くときは必ず文字に書いて、図化するのを得意にしていました。文字と図にして整理してあげると、「おお!」という感じですっきりします。

大学時代もそれがくせになっていて、人と話すときは必ず真ん中にA4の紙を置いて、全部書き出すということをやっていました。するとたいていのことは整理できるのだということがわかったのです。整理すると、ほとんどの問題は何とかなります。**つまり頭の整理が心の整理なのです。**悩みがあるとき、人は心を整理しようとしますが、心は変わりやすいので、なかなかうまくいきません。でも頭は安定感があるので、整理できるとすっきりします。

頭で整理できないから、心が混濁(こんだく)して乱れるのです。悩みは、心ではなく、頭で対処せよ。偉大な哲学者デカルトも言っています。

良識、すなわち理性はみんな持っています。理性を発揮して、心のもやもやを整理すればいいのです。

カーネギーのアドバイス

次の4つの問いに答えれば、悩みは解消できる。

❶私は何を悩んでいるか？
❷それに対して私は何ができるか？
❸私はどういうことを実行しようとしているか？
❹私はそれをいつから実行しようとしているか？

悩みを分析するプラクティス

- 悩みは、心ではなく頭を整理して解決しよう。
- Ａ４の紙を用意して、必ず文字にし、整理しよう。
- 図化するのもいい。

5

仕事の悩みを半減させる方法

4つの質問に答えて、考えられる解決策を出していく

◆トースターからパンが飛び出すような解決案

仕事の悩みを半減させる方法があるなら、ぜひとも教えてほしいと、誰もが思うでしょう。とくに社会に出たばかりの若い人たちなら、なおさらです。

カーネギーはその方法としてある出版社の総支配人だったシムキンという人の例をあげています。彼は15年間というもの、勤務時間の半分を会議や打ち合わせに費やしてきました。そのムダを省くため、ある方法を取ったのです。

それは、シムキンと会議を開きたい者は4つの質問について答えを用意し、あらかじめ提出しなければいけないというものでした。4つの質問とは次の通りです。

第1問　問題点は何か？
第2問　問題の原因は何か？
第3問　いくとおりの解決策があって、それらはどんなものか？
第4問　望ましい解決案はどれか？

すると、シムキンに会議や相談を持ち込んでくる社員がほとんどいなくなったそうです。なぜかというと、４つの質問に答えていく過程で解決策が浮かんできて、会議にかける必要がなくなったからです。

まるで「トースターからパンが飛び出すように、一番妥当な解決案が、自然に飛び出してくるからです」とカーネギーは述べています。「トースターからパン」という表現が面白いですね。

これは簡単に言うと、問題点をはっきりさせてどうするかを考えれば、会議は少なくなって、その分仕事が減らせるということです。

たしかに会議で、みんなでぐずぐず話し合っても、時間だけが過ぎて、ろくなことがありません。**あらかじめ、４つの質問に答えて、解決策を考えれば、みんなの時間**

を節約できるわけです。

◆問題点を把握するため、数字を追う

もうひとり、保険業界の重鎮ベトガーの例も取り上げています。ベトガーがまだ保険業界に飛び込んだばかりの新人のころ、思うように契約が取れなくて、転職を考えるほどでした。

たしかにたとえ商品がいくら優れていても、だからといって売れるわけではありません。ダイエットサプリの販売で、納税額日本一になった斎藤一人さんという実業家もこう言っています。「いいものをつくるのはあたりまえで、それを売るのが難しい」と。

たとえばいい曲をつくっても、必ずヒットするわけではありません。どんなものも売るのが難しい。営業の仕事をしている人は、誰もが抱える悩みでしょう。

保険のセールスで行き詰まったベトガーも同じ悩みを抱えていました。**そこで彼がどうしたのかというと、問題点を把握するために、数字を追ってみたのです。**

すると契約のうち7割は初対面のお客さんと成立させていたことがわかりました。

2回会って成約したのは23パーセント、3回、4回、5回と神経をすりつぶし、時

間をかけて契約にこぎつけたのはわずか7パーセントだったそうです。要するに見込みのない客に、3回、4回、5回と会い、時間をムダにしていたわけです。

そこで彼はすぐさまルールをつくりました。このルールづくりが大切です。訪問は2回まで。それ以上は追わず、浮いた時間を新規のお客さんをつかむために使ったのです。こうして彼は保険業界における敏腕セールスマンになりました。

◆恋愛もしつこくすると嫌われる

これは恋愛にもあてはまります。ある人を思いつめて、何十回も声をかけ続けるのは、下手をすると〝ストーカー〟といわれてしまいます。モテる人は、1、2回声をかけてだめだと、すぐあきらめて、次に行く人が多いようです。そのほうが経験則が積み重なって、よりモテるようになるというわけです。

どうしてもひとりの人をあきらめきれないとき、どうするのかというと、うちの学生に私がすすめて成功した「恋愛定期便」方式というやり方があります。定期便のように季節に1回だけ、「元気?」「食事どう?」と連絡を入れるのです。

これだとそれほどしつこさを感じさせません。季節が3、4回過ぎるころには、最初はつれなかった返事も、急に乗り気になってくるそうです。おそらくつきあっていた彼氏と別れたのかもしれません。
そういうこともあるので、しつこくするよりは、折を見て、負担にならないようなスタンスを取る方法はありだと思います。

カーネギーのアドバイス

次の4つの問いに答えれば、悩みは解消できる。

❶問題点は何か？
❷問題の原因は何か？
❸いくとおりの解決策があって、それらはどんなものか？
❹望ましい解決策はどれか？

悩みを分析するプラクティス

- 問題を解決するルールをつくる。
- しつこいと嫌われる。季節ごとの定期便で適度に連絡をとるといい。

第三章

悩みの習慣を早期に断つ方法

6

心の中から悩みを追い出すには

手帳を時間ごとにブロック化して、予定をどんどん詰め込もう

◆忙しくすれば悩みを忘れる

悩みを心の中から追い出すのは簡単だと、カーネギーは言っています。それは「忙しい状態に身を置く」ことです。**なぜ多忙だと、悩みを忘れるのかというと、人間は1度に2つのことを同時には考えられないからです。**

たとえば椅子に座って、目をつぶり、「自由の女神」と「明日の朝の行動予定」を同時に思い浮かべてください。同時にですよ。交互に考えることはできても、同時にはできないはずです。

これが感情にもあてはまると、カーネギーは言うのです。「一つの感情は別の感情を追い払ってしまう」とカーネギーは書いています。ですから当時、戦争に行ってメン

タルをやられてしまった人は、多忙にすることが処方箋になっていたそうです。

アメリカの詩人で、ダンテの『神曲』を翻訳したことでも知られているロングフェローという人がいます。彼は妻をやけどで失うという悲惨な体験をしました。妻の衣服に蝋燭の火が燃え移り、火だるまになった悲惨な光景をいつまでも忘れることができず、半狂乱になりました。

しかし彼には幼い3人の子どもがいました。悲しみのどん底にありながらも、子どもたちの世話に追われ、さらにダンテの翻訳にも励むという多忙な日々を送ることで悲しみから救われたのです。

忙しくする、というのは悩みの感情で心を支配されないひじょうに優れた方法といえます。

◆建設的な仕事を考え出し、没頭する

仕事をしていれば、いくらでも多忙な状態に身を置くことは可能です。しかし仕事が終わったあとの時間が危険です。

カーネギーは「自然は真空を好まない」という物理学の原理をあげて説明しています。心が空虚になると、真空が空気で満たされるように、すぐに感情が満ちてきます。

その感情が問題です。私たちは妄想や恐怖、不安などネガティブな感情で満たされるのがふつうなので、コロンビア大学のマーセル教授は「何か建設的な仕事に没頭せよ」とアドバイスします。

アメリカの海軍少将で探検家でもあるバード提督(ていとく)は、南極で5カ月にわたって、孤独な生活をしたことがあります。そのとき彼が正気を失わないためにしたことは、時間を分割して予定を立てることでした。彼は翌朝の仕事についていつも予定を立てる習慣をつくったのです。つねに忙しくしておくことで、自制心を保ったというのです。

こんなふうに時間を分割できたのは、とてもよかった。このおかげで私は、たぐいまれなる自制心を養うことができた……もしこれに代わるものがなかったら、目的のない日々を送ることになったであろう。そして、「目的がなくなってしまったら、生活は崩壊せざるをえなかったであろう」と彼は述べています。

悩みを抱えていたり、絶望感にうちひしがれているときは、「建設的な仕事」を自ら考え出し、「次にやるべきこと」「次にやるべきこと」と予定を立てていくと、いつのまにか感情も変わっていきます。

カーネギーの本には劇作家のバーナード・ショーの言葉も引用されています。「みじめな気持ちになる秘訣は、自分が幸福であるか否かについて考えるひまを持つことだ」。要するに、あれこれ考えるのが悩みを増やすのだから、さっさと働け、ということです。

余談になりますが、このバーナード・ショーは皮肉を言うので有名な人です。大変美人の女優が寄ってきて、「あなたの頭と私の容姿の子どもができたら素敵でしょう」と誘惑します。すると彼は「あなたの頭と私の容姿の子どもができたら最悪だ」と返したのです。そういうことを平気で言う劇作家でした。

◆手帳を時間ごとのブロックに分け、予定を入れていく

大学生や新入社員のみなさんの悩みは、だいたい暇なときに大きくなるものです。ですからやるべきことを、どんどん入れていけば大丈夫です。もちろん睡眠時間は確保してください。寝ることは大事ですから。

でも暇にしているのはよくありません。私も大学の夏休みや春休みなど、長期休暇に入ると、決まって病気になったり、体調をくずす危険があるので、休暇中もなるべく仕事を入れて、忙しくしています。この本も実は大学が夏期休暇中のお盆休みにや

っています。

ふだんから仕事をしているリズムがあって、休みになったからといってそのリズムをくずすと、変なことを考えたり、悩みが膨れ上がってきて、体調をくずすのです。「来た球を打つ」という感じで、やるべきことをリズミカルにこなしていくのが、心と体の健康に一番いいという持論です。

ビートたけしさんも、映画を撮って、テレビに出て、小説も書いて、絵も描きます。「よくそんなに仕事ができますね」と人から言われるそうですが、忙しいほうが調子がいいそうです。

考えてみると、暇な時間はろくなことを考えていません。私はやるべきことを詰め込むほど、昔の嫌なことが遠のくという考えを持っているので、手帳も1時間や2時間ごとのブロックに分けて、細かく予定を入れています。

3色ボールペンで、「このブロックにはこれをする」「このブロックではこれをやる」と分けていきます。家で映画やスポーツ番組を見るための時間や本を読む時間も、ブロック化して確保しています。

そうすると、やるべきことが次々とあって忙しいので、悩んでいる暇などなくなります。

カーネギーのアドバイス

忙しい状態でいること。悩みを抱えた人間は、絶望感に打ち負けないために、身を粉(こ)にして活動しなければならない。

悩みの習慣を断つプラクティス

- 悩んでいる暇がないほど多忙にする。
- 手帳を時間ごとにブロック化して、予定を詰め込もう。
- 予定を3色ボールペンで色分けすると、実行しやすい。
- 映画や読書など、娯楽の時間も1日の中にきちんと組み込もう。

7 カブトムシに打ち倒されるな

害虫を1匹1匹踏みつぶす感覚で、小さな悩みを解決しよう

◆小事にこだわると、大事なことを失う

「カブトムシに打ち倒されるな」とは面白い見出しですね。「カブトムシ」とは何かというと、小さな悩みのことです。

コロラド州のある山腹に樹齢400年と推定される巨木が生えていました。コロンブスがアメリカに上陸したころに、苗木だった木です。その木は長い生涯の間に14回も落雷にあい、数えきれないほどの雪崩(なだれ)や暴風雨に襲われました。それでもひたすら試練に耐え、生き抜いた巨木です。

しかし最後は、指でひねりつぶすこともできる小さな虫、カブトムシの大群によって地面に倒されてしまいました。**私たちもカブトムシのような小さな悩みという虫に**

よって、自分の心を食いあらされていないだろうか、とカーネギーは問うています。

またイギリスの首相を務めたディズレーリもこう言っています。

「人生は短すぎる。小事にこだわってはいられない」

この言葉を座右の銘にしていたのが、フランスの作家アンドレ・モロワという人です。彼はある雑誌でこんな発言をしています。

「私たちがこの地球上に生きるのは、わずか数十年にすぎない。それなのに、一年もすれば皆から忘れられてしまう不平不満を悩みながら、かけがえのない多くの時間を無駄にする」

要するに小さいことにこだわるな、ということです。

しかし、世間的に尊敬されている大人物でも、小さなことにこだわって人生を台なしにしてしまうことがあります。カーネギーは、『ジャングル・ブック』を書いたイギリスの小説家キプリングの例をあげています。

キプリングは美しい娘と結婚し、彼女の故郷であるバーモンド州に素晴らしい家を建てました。そこを定住の地とするつもりだったのです。妻の兄、すなわち義兄とも親友同士になり、彼から牧草地を譲ってもらうこともできました。

義兄はキプリングからその土地の牧草を刈ってもよいと許可を得ていましたが、あるときキプリングがその牧草地で花壇づくりに取りかかったのを知って激怒します。キプリングも言い返し、2人の仲は険悪になってしまいました。

ある日、事件が起きます。義兄の乗った馬車が、キプリングの乗る自転車と接触しそうになったことで、キプリングが義兄の逮捕状を請求。世間を騒がすセンセーショナルな裁判沙汰になったのです。

結局、キプリング夫妻は余生をアメリカですごすことができなくなってしまいました。たかが、小さな牧草地のせいで。**小事にこだわっていると、大事なものを見失ってしまうという教訓です。**

◆小さい悩みでもひとつずつつぶしていけ

小さなことというのは、1個くらいならどうということはないのがふつうの感覚です。でも些細（ささい）なことが3つ重なると、嫌になるという法則を私は発見しました。

「今日は何だか気が重いな」という日があります。なぜだろうと考えてみると、まずあの人に手紙の返事を出さなければならない。それがひとつ。さらに本の校正を3日後までに戻さなければいけない、というのがひとつあって、もうひとつ、何かの誘いを断らなければいけない、というのが重なると、どれもそんなに大きなことではありませんが、3つ重なってきたので、気分が重くなったのだ、とわかります。

ではひとつずつ減らしていこうと、まず手紙の返事を書きます。すると見事に楽になります。「やっぱりこれだったか」とわかると、どんどんつぶしていけます。

だから害虫を1匹1匹踏みつぶしていく感覚で、悩み事をつぶしていくと、意外にすっきりできます。

小さすぎる悩みは、小さすぎるゆえに、自分では気にしないと思っています。でもこれが意外に危険なことがあります。

私は最近、自分の顔に小さなシミがあることを発見しました。テレビ局でメイクさんがしきりに私の顔のある部分をファンデーションで押さえていたのです。「そういえばシミがありますね」という軽い会話で終わりましたが、自分では肌だけはきれいだと思っていたので、それからは少し気になるようになりました。

といってもいつも気になるわけではありません。ただ、たまに思い出して、「どうも気になるな」と引っかかるようになりました。このまま放置すると、ますます気になるようになるかもしれない、と思ったので、市販のシミ取り薬を買って、塗ってみたのです。すると少し薄くなった気がしました。「これはいい」と、塗りまくっていたら、自分でもシミが気にならなくなったのです。

何が言いたいのかというと、自分に対して「気にするな」と説得することはできますが、それでも気になるのだったら、最善をつくせばいい。どうでもいい悩みでも、自分が気になるのなら、徹底的に手を打ってつぶせ、ということです。

カーネギーのアドバイス

気にする必要もなく、忘れてもよい小事で心を乱してはならない。「小事にこだわるには人生はあまりに短い」

悩みの習慣を断つプラクティス

- 小さい悩みは3つ重なると、大ごとになる。
- 悩みはひとつずつつぶしていく。
- 自分で気になるなら、最善をつくしてそれをなくす方法を探ろう。

8

多くの悩みを閉め出すには

数字や統計で根拠を示せば、心配事の9割は起こらないとわかる

◆平均的な確率を出すと、不安感が払拭される

世の中には心配ばかりしている心配性の人もいるものです。カーネギーも幼いころは、不安ばかり抱えている子どもでした。

「死んで埋められるとき、まだ生きていたらどうしよう」とか「雷に打たれて死んだらどうしよう」とか「将来結婚したとき、奥さんとどんな話をしたらいいのだろう」と悩んでいたそうです。

しかし年月がたつにつれて、カーネギーは自分が悩んでいたことの99パーセントは起きないことを知ります。

心配の種を追い出すには、平均的な確率から考えてみるといい、とカーネギーはアドバイスしています。

たとえば死んで生き埋めになった人は１０００万人に１人の割合です。落雷で死ぬ人は35万人に１人です。そんなレアな確率の出来事を幼いカーネギーは恐れていたのです。

もし恐れるのなら、がんで死ぬ人間が、当時でも8人に１人はいたのですから、そちらを心配すべきでした。


このように何かが心配になったとき、平均値の法則に基づく統計を利用すると、不安感が払拭（ふっしょく）されます。記録をまず調べてみればいいのです。

たとえば、交通事故で死ぬかもしれないとおそれている人がいたとします。

でも交通事故の犠牲になるのは高齢者や子どもが多いのです。それらを統計から除いて数字を出していくと、若い自分が交通事故で死ぬ確率は少ないことがわかります。

「なあんだ、そうだったのか」と安心できますね。

「最近、物騒（ぶっそう）な事件が多いね」と言う人もいますが、統計を見るとそうでもないことがわかります。数字できちんと事実を見るのは、悩みを解決するひじょうによい方法だということです。

◆戦争で死ぬ確率は平時で死ぬ確率と同じだった

人々の不安を利用して大もうけをしたのが保険会社です。ロンドンのロイズ保険組合は世界でもっとも有名な保険会社です。ロンドンのロイズコーヒーという喫茶店に集まった人たちから始まったといわれています。

彼らはもし船が沈んだら、これくらいお金を出す、沈まなかったらこれくらい、という賭けをしていました。それを「賭け」といわずに「保険」と名付けたのですが、カーネギーは「平均値の法則に基づいた賭けなのだ」と断言しています。

船はめったに沈みません。でも沈んだらどうしようという不安があります。沈まない側に賭けたほうが得なのに、万が一と思うと不安なので、多くの人が沈むほうに賭けてくれる。

確率的に、確実に保険会社がもうかる仕組みになっています。

保険会社がどれだけもうけてきたかを、カーネギーは南北戦争におけるゲティスバーグの戦いを例に引いて説明しています。ゲティスバーグは激戦で知られています。もしこれと同程度の戦争に加わらなければならないとしたら、掛けられるだけの保険を掛けていくでしょう。

でも統計を出してみると、ゲティスバーグに参戦した兵隊の1000人あたりの死亡数は、平和時における50歳から55歳まで生き延びるさいの危険率と同じだったのです。ふつうにしていても変わらない、というのはちょっと不思議な話ですね。

何となく不安な気がする、というのではなく、統計や平均値など数字でしっかり考えていく習慣をつけましょう。そうすれば、「幽霊の正体見たり　枯れ尾花」ということもわかるのです。

◆社会的差別も統計を導入すれば解消へ向かう

この平均値や統計で考えていくやり方は、悩みの解消法という点では意外に盲点です。これがうまく使えると、不安を解消して、気を楽にすることができます。

ひと昔前なら、離婚すると世間に顔向けができない風潮がありました。昭和のころは「離婚なんて恥ずかしい。内緒にしておきなさい」という言葉も聞かれました。

でも今は統計的データによると、3組に1組の割合で離婚しています。「3組に1組なら、よくあるよね」ということになれば、もう完全に市民権を得ています。離婚しても正々堂々としていられますね。

性的マイノリティの問題にしても、LGBTの人たちがどれくらいの確率でいるのかがわかると、特別視する風潮もおさまっていくと思います。

カーネギーのアドバイス

「記録を調べてみよう」。そして、こう自問するのだ。「平均値の法則によると、不安の種になっている事柄が実際に起こる確率はどのくらいだろうか?」

悩みの習慣を断つプラクティス

- 心配事の99パーセントは現実には起きない、と思っておこう。
- 何となく不安、という状態で放置しない。
- 不安なときは平均値や統計など、数字で根拠を示してみよう。

9

避けられない運命には調子を合わせる

イケメンをうらやましく思ったら、「でも話は面白くないかも」と考えよう

◆柔よく剛を制するのが人生を楽しく生きるコツ

避けられない運命だと思ったら、受け入れるしかない。これは若い方でもみなさんご存じだと思います。でも知っているのと、技(わざ)として身についているのとでは天と地ほどの差があります。よけいな悩みで消耗(しょうもう)しないためにも、これをきちんと技化(わざか)しておくことが大切です。

カーネギー自身、子ども時代の怪我で左手の指が1本ありませんでした。でもそれで悩んだことはなかったそうです。大人になってから、彼は左手首がない男性と出会い、そのことが気にならないか聞いてみました。

答えは「別に。そんなことを思い出すのは、針に糸を通そうとする時ぐらいかな」。

なかなかユーモアがある答えですね。

ターキントンという人も不幸にみまわれました。目の中に黒い斑点みたいなものがあらわれて、視界をさえぎるようになり、視力がどんどん落ちてしまったのです。

眼科医は彼が盲目になりかけていることを告げました。

それでも彼は、黒い斑点があらわれると「やあ！　じいさん、また来たな！」と話しかけて、盲目になる事実を受け入れたそうです。


避けられない運命がやってきたときは、それに調子を合わせよと、カーネギーは言っています。そしてそういう例をたくさんあげています。

たとえば柔術の達人たちは「柳のように曲がれ、樫（かし）のように抵抗するな」と教えています。いわゆる「柔（やわら）の道」、「柔よく剛を制す」という意味です。

初期のタイヤメーカーは道路からの衝撃に耐えられるよう、堅いタイヤをつくりました。しかし、タイヤはボロボロに裂けてしまい、実用に適しませんでした。次に彼らは道路からの衝撃を吸収するタイヤをつくりました。

衝撃に対抗しようとすると、すぐ壊れてしまいます。**私たちも人生のショックを吸収せず、抵抗し続けていたら、壊れてしまいます。カーネギーは述べています。**

「なおも過酷な現実の世界を拒み、自分自身でつくり上げた夢の世界に逃避するならば、私たちは狂人と化してしまうだろう」

◆片足切断の運命に堂々と立ち向かった大女優

運命に対して戦わないという例として、ひじょうに教訓的なのが、世界的な大スター、サラ・ベルナールのケースです。彼女は半世紀にわたって人気女優として、演劇界に君臨し続けました。

しかし70代になったとき、船の甲板で転倒し、足を切断するしかないという大怪我を負ってしまったのです。医師にそれを告げられると、サラは「そうする必要があるなら、そうするしかないわ」と答えました。

そして手術室に車椅子で運ばれる途中、自分が演じた芝居の一場面を暗唱してみせたのです。誰かが「ご自分を励ますためですか?」と聞くと、サラは「お医者さんや看護師さんを励ますためよ。皆さんこちこちに緊張なさるでしょうから」と答えました。何とも肝のすわった女性です。

足を切ったあと、サラは7年間も世界を回って、人々を魅了し続けたそうです。

これはすごいエピソードだと、私は気に入りました。こういうとき、人間としての大きさが出ます。不可抗力に逆らっても、ムダな努力です。泣いても、わめいても、切った足が生えてくるわけではないのですから。

◆浴室の壁に標語を貼り付けておく

カーネギーは、運命を受け入れることを技化するために、浴室の鏡に格言を貼り付けておくようアドバイスしています。神学者のニーバー博士が書いたものです。

神よ、我に与えたまえ、
変られないことを受け入れる心の平静と、
変えられることを変えていく勇気と、
それらを区別する叡智とを。

またコロンビア大学のホークス学長は『マザー・グース』の一節を座右の銘にしていました。

すべてこの世の病(やまい)には

治す手立てがあるか、なし
手立てがあるなら見つけよう
手立てがないなら忘れよう

さらに英国王ジョージ5世は、バッキンガム宮殿の図書室の壁にこんな言葉を掲げていました。

「月を求めて泣かぬよう、こぼれたミルクを悔やまぬよう、余に教えよ」

日本にも「名月をとってくれろと泣く子かな」という小林一茶の句があります。

小さい子どもが「あの月を取って」とだだをこねるのは可愛いですが、これが大人だったら、目もあてられません。

私なら個人的に、ギリシアの哲学者ソクラテスの臨終の場面を標語にして貼り付けるでしょう。ソクラテスは、彼に嫉妬をするアテナイ人たちによって、身に覚えのない罪をきせられ、死刑を宣告されます。

弟子たちは「先生、逃げましょう」とすすめるのですが、ソクラテスは「そうすると自分は法を犯したことになるので、逃げない」と拒否します。相手が正義を犯しても、自分は不正をしない、と言ったわけです。

死を受け入れたソクラテスに、牢番（ろうばん）が言います。「もはや動かしがたい事態に対して潔（いさぎよ）く従われんことを」。ソクラテスは「じゃ」という感じで、牢番が差し出した毒ニンジンの杯をあおります。運命を淡々と受け入れて、こんな死の迎え方をする人もいるのだという史実も、私たちを勇気づけます。

◆イケメンだったら勉強しなかったかも、と考える

変えられないという意味では、遺伝子に基づくものはほぼ変えられません。私はわりと身長が低いほうで、学校では「前にならえ」のとき、一番前で腰に手を当てるという微妙なポジションに甘んじていました。

タイ米という縦長の米を食べると背が伸びる、というくだらないことを言う友人がいて、一生懸命食べたこともあります。今考えると、何を言っているんだと思いますが。

でも、いろいろなことを試しても、結局身長はたいして伸びませんでした。それで困ったことがあったかというと、背が高い人のようにあちこち頭をぶつけなくてすんだので、これはこれでよかったのかな、と思います。

とりあえず遺伝子はもう決まっているのですから、その運命に従って、それに合わ

せていくのがいいと思います。

背の高いイケメンを見て、「もっと背が高くてハンサムだったらよかったのに」とうらやましく思ったら、「でも、話は面白くないかも。自分がイケメンだったら、こんなに会話力磨かなかったし」と思えばいいのです。

負け惜しみ的ではありますが、「イケメンは会話への努力をしなくてもモテてきたから、話が面白くない」という女性の証言もあります（笑）。心の平静を保つには、それが避けられる運命なのか、そうでないのか切り分けていけばいいでしょう。

カーネギーのアドバイス

避けられない運命には調子を合わせよう。

悩みの習慣を断つプラクティス

- 運命を受け入れることを技化し、柳のように柔軟に受け止めよう。
- 運命に従う標語を目立つところに貼っておこう。
- イケメンを見たら、「話は面白くないかも」と思おう。

10 悩みに歯止めをかける

そのときどきで上手にあきらめ、置かれた場所で咲いてみる

◆「ストップ・ロス理論」を取り入れよう

これから社会人になっていく方や、すでに社会人になっている方も、お金もうけには興味がありますよね。爆発的にではなくてもいいので、少しはもうけたい。そういうときカーネギーは、評判のいい株の仲買人から聞いた「ストップ・ロス・オーダー」というやり方をすすめています。

株が買値より5パーセント下がったら自動的に売ってしまう。そうすれば、損失は5パーセントですみます。株が上がるときは、平均して10〜25パーセント上がることはザラなので、半分以上の取引で失敗しても、まだもうけのほうが多くなるという計算です。これを「ストップ・ロス・オーダー」、日本では損切りともいいます。

私はバブルが崩壊する直前に、生まれてはじめて株を買って、子ども時代からずっと地道にためていたお金をほぼ失ってしまったという苦い経験があるので、株はいっさいやりません。あのとき「ストップ・ロス・オーダー」を実践していたら、損失は少なくてすんだはずです。

先の株仲買人は株売買のこの「ストップ・ロス理論」の方法を、人生の悩みや不快な事態に応用してみました。すると魔法のように効果てきめんだったのです。

たとえば相手がランチに一定時間遅れたら帰ってしまうことに決めておく。すると人を待ってイライラする気持ちがうそのようになくなったそうです。

◆価値に対する正しい判断力が重要

カーネギー自身が「ストップ・ロス理論」でもっとも素晴らしい結果を導いたのは30代のはじめのころでした。当時彼は小説家になろうとして、２年の月日を費やして『ブリザード』という大作を書き上げたのです。

さっそく出版社に持ち込んだのですが、その結果は惨憺(さんたん)たるものでした。「小説家として素質も才能もない」と言われて、心臓が止まりそうだったと書いています。

もっともハンガリー出身の作家アゴタ・クリストフの名作『悪童日記』も、出版しなかった会社があるくらいですから、編集者に見る目がなかったのかもしれません。

しかしカーネギーは「小説を書くために全力投球した二年間を貴重な体験として掛け値なしで清算してしまい」、社会人教育の仕事に戻り、伝記やノンフィクション作品を書くことに専念しました。

その結果、カーネギーは大成功をおさめたので、小説家をあきらめたこの決断を思い出すたびに、「喜びのあまり踊り出したくなるほどだ！」と言っています。

この逆の例が、政治家で物理学者でもあったベンジャミン・フランクリンです。

彼は7歳のとき、法外な値段で笛を買ってしまいました。そのことを一生悔いていて、「人間の不幸の大部分は、人々が物の値打ちを誤って評価してしまい、それぞれの呼子笛（よびこぶえ）に対して代金を払いすぎているところに原因があると思われる」と言っています。

フランクリンの体験から、**カーネギーは「価値に対する正しい判断力こそ真の心の平和をもたらす鍵である」という教訓を導いています。**

◆「夢は必ずかなう」は本当か？

このように、ここまで来たらあきらめるとか、損切りするというのを決めておくと、

人生の時間をムダにしなくてすみます。

世の中には「絶対あきらめるな」「夢は必ず実現する」と言う人がいて、それで成功した人の本がたくさん出ていますが、私はそう思いません。おそらく9割の人が挫折(ざせつ)していて、そういう人の話は表に出てこないのです。

私はプロ野球選手になりたかったのですが、小学校のとき早々にあきらめました。「この町内でも1番じゃないのに、なんでプロになれるんだろう」と思ったからです。

あきらめないことも大事ですが、上手にあきらめて、自分でも行けそうな一点にエネルギーを集中したほうが、成功できると思うのです。

私の身の回りを見ても、アナウンサーになろうと思ってテレビ局に挑戦したものの、ダメだったので、「アナウンサーでなくてもスタッフとしてテレビにかかわりたい」と考えを変えて、成功した人もいます。

知り合いの編集者でひじょうに優秀でしたが、営業に異動になった人がいます。でもまったくめげずに、ご機嫌で仕事をしていたら、どんどん出世していきました。

「コンバート」つまり配置転換という意味ですが、自分がやりたかったことにこだわらず、〝置かれた場所で咲いてみる〟という生き方も大事だと思います。

そのときどきで上手にあきらめるのは、悩みに対するとてもいい解決策になってい

るのではないでしょうか。

カーネギーのアドバイス

❶現在、自分が悩んでいることは実際にどの程度の重要性があるか？
❷この悩みに対する「ストップ・ロス・オーダー」をどの時点で出して、それを忘れるべきだろうか？
❸この呼子笛に対して正確にはいくら支払えばよいのか？　すでに実質価値以上に払いすぎていないだろうか？

悩みの習慣を断つプラクティス

- この時点になったらあきらめる、という損切りのタイミングを決めておこう。
- 上手にあきらめて、自分が得意な分野にエネルギーを集中する。
- 配置転換されてもくさらずに、その場所で咲いてみよう。
- 周囲で1番になれないのなら、プロになるのは無理と早々にあきらめよう。

11

おがくずを挽こうとするな

床にこぼれた水をコップに戻そうとしている自分を想像して、笑ってみよう

◆過去を悩むのは、過去から教訓を得ていないから

「おがくずを挽(ひ)こうとするな」という表題は意表をつくものですね。おがくずは木をのこぎりで挽いたときに生じる木くず。それをまたのこぎりで挽こうとしても挽けません。カーネギーが何のたとえをしているのかというと、おがくず＝過去のことです。過去はのこぎりで挽いた残りカスのようなもの、といわれるとそんな感じがします。過去のことをいつまでものこぎりで挽いていてもしかたありません。おがくずを必死で挽いている人を見たら笑ってしまいますよね。

過去は変えられないのですから、それについて悩むのは時間のムダです。もし過去について考えるのなら、過去を反省していまに活かせばいいのです。

もう二度とそういうことはないように教訓にしたら、その過去については有効利用したので廃棄処分にすればいいでしょう。くよくよ悩むのは、今に活かす教訓をそこから抽出していない証拠です。

◆ことわざは人類の経験の叡智がつまったもの

カーネギーの知り合いが高校生だったとき、先生が実験室に生徒たちを集めました。そしてミルクが入った瓶(びん)を流し台に投げつけ、割ってみせたのです。ミルクは排水口に吸い込まれていきました。先生は「こぼれたミルクを悔やんでもムダだよ！」と叫びました。「いくら騒ごうと悔やもうと、一滴も取り戻すことはできない」と。

この教訓は生徒たちの胸に強烈に焼きつきました。まずミルクをこぼさないように気をつけること。でもこぼれてしまったら、そのことを完全に忘れるのです。

カーネギーは「こぼれたミルクを悔やんでもムダだ」という陳腐(ちんぷ)なことわざがひじように重要だと言っています。日本でいえば「覆水盆(ふくすいぼん)に返らず」がこれに当たるでしょう。

こうしたことわざがなぜ重要なのかというと、「人類の灼(や)けつくような経験から生ま

れ、何世代となく受け継がれてきたものだ」からだというのです。陳腐なように見えても、ものすごい量の先人の経験がつまっているわけです。

◆次の一歩を踏み出すことで過去を忘れる

過去のことで悩まないためには、今のみなさんの中でくよくよしているものがあるのかどうか考えてみたらいいと思います。

甘い感傷として過去を思い出すのは、くよくよ悩むのとは違います。

「高校時代のあのとき、あの子に――」などと思い出すのはセンチメンタルな気分を楽しんでいるのでしょうから、悩みではありません。

でも「あのときこうしていれば」「あの失敗さえなければ」と執拗に思い出すようなら、それは〝こぼれたミルク〟なので、さっさと次に行きましょう。

最近、私は可愛がっていた犬を亡くしました。あまりに可愛がっていたので、世の中がまっ暗になってしまったのです。1週間くらいしたら悲しみも少しは癒えるかと思いましたが、まったくそうはなりません。

結局、新しい犬を飼うという一歩を踏み出して、悲しみから救われました。そういう見極めをすることが大事だと思います。

ヘビー級のチャンピオンだったジャック・デンプシーの例をカーネギーはあげています。デンプシーはある試合でチャンピオンの座を奪われてしまいました。翌年、王座奪還をかけてチャレンジしますが、また敗れてしまいます。

すると彼は潔く敗北を受け入れて、過去を一掃し、新しい計画に全力を注いだのです。レストランやホテルを開いたり、試合の興行主になったり、事業活動に専念しました。**絶えず忙しくすることで過去をくよくよするひまをなくしたのです。**

シェイクスピアはこんなことを言っています。

「賢い人たちは座ったまま損失を嘆いたりはしない。元気よくその損害を償う方策を探すのだ」

過去の損失を嘆くのではなく、次を探すということです。

あのナポレオンでさえ、彼が指揮した戦争のうち3分の1は負けているそうです。失敗した過去など気にせず、さっさと次に行くのです。

どうしても過去にこだわってしまうときは、アスファルトの上にペットボトルの水をこぼして、それを必死で拾おうとしている自分の姿を想像してみましょう。ちょっと笑える気がしませんか。

カーネギーのアドバイス

おがくずを挽こうとするな。

悩みの習慣を断つプラクティス

- 過去から教訓が引き出せれば、嫌な過去を廃棄処分できる。
- 「覆水盆に返らず」ということわざを大事にしよう。
- 過去のくよくよから逃れるには新しいことを始めるに限る。
- 過去にこだわるときは、アスファルトにこぼれたペットボトルの水を拾おうとしている自分の姿を想像して、笑ってみよう。

第四章

平和と幸福をもたらす精神状態を養う方法

12

生活を転換させる指針

今日だけは上機嫌でいよう、と自分に言い聞かせて毎日をすごそう

◆人生は自分の思考通りにつくられる

私が教えている学生は学校の先生になる人が多いのですが、久しぶりに会ったある卒業生は「学校は学園ドラマみたいで、本当に楽しいです」と生き生きした表情で話してくれました。

「いい学校でよかったね。まわりの教師もみんなそうなの？」と私が聞くと、「そういえば、ぼくの隣の人はうつで休んでいますね」と答えました。同じ環境で同じ仕事をしていても、片や天国、片やうつで悩んでいるわけです。

カーネギーは私たちの人生は、愉快な考え方をすれば愉快になるし、みじめなことを考えればみじめになると言っています。

そしてローマ時代の哲学者マルクス・アウレリウスの言葉を引用しています。

「我々の人生とは、我々の思考がつくり上げるものにほかならない」

その一例として、カーネギーは南極に初めて到達したスコット探検隊の話をあげています。南極点に到達した帰路、彼らは猛吹雪に襲われます。食料も燃料も尽きたとき、彼らはみんなで「おどけた歌を陽気に合唱しながら」死んでいったそうです。飢えと寒さで死にかけていても、陽気な歌を歌ってすごすことができる。盲目の詩人ミルトンもこんな詩を残しています。

心こそおのれの居場所、そこでこそ
地獄を天国に、天国を地獄につくる

まず心の持ちようを変える。そして「心の持ちようで変えられる自分の行動」を変えると、自分の気分が変わって、周りとの関係性も変わってくるでしょう。

心理学者のウィリアム・ジェイムズはこんなことを言っています。

「行動は感情に従うように思われているが、実際には行動と感情は同時に働くのである。意志の力でより直接的に支配されている行動を規制することによって、意志に支配されにくい感情をも規制することができる」

要するに、意志の力で何とかできるのは行動で、行動を変えると心が変わる、というわけです。ですから快活さを失ったときは、楽しそうな様子で動き回ったり、しゃべったりして、すでに快活さを取り戻しているようにするとよい、とジェイムズはアドバイスしています。

何か悩みを抱えているときでも、そういうときだからこそ元気よく、楽しそうにふるまうのです。そうすれば、落ち込んで浮かない顔をしているときより、ずっと幸福でいられます。外的な状況も好転してくるでしょう。

◆今日の気分を整えることが幸福になる秘訣

考え方次第で、人生は変わります。たとえばナチスのアウシュビッツに入れられた精神科医のヴィクトール・フランクルは著書の『夜と霧』で、収容所では希望を失った人から順番に死んでいったと書いています。

アウシュビッツではクリスマスの前、「クリスマスには解放されるだろう」とみんなが期待していました。ところが、解放はないことがわかります。するとみな絶望して、お正月までの間にバタバタとたくさんの人が亡くなったというのです。

生き残ったのは、「いつかは解放される」と信じている人たちでした。アウシュビッツは地獄ですが、その地獄にいても希望を失わない人が生き残ったのです。そう考えると、いかに心の持ち方が重要かがわかります。

ウィリアム・ジェイムズの次の言葉はひじょうに示唆に富んでいます。

「いわゆる災いの多くは、それに悩む人の心の持ち方を、恐怖心から闘志に変えるだけで、祝福されるべき力強い幸せに変換できる」

カーネギーは「幸福のために闘おう！」と呼びかけています。この言葉は人をひじょうに勇気づけると思います。

幸福のために闘うには、とりあえず今日の気分を整えることが大事です。明日や半年後の気分を今考えてもわかりません。未来には何が起こるかわかりません。

ですから今日だけは上機嫌でいよう、今日だけは笑顔でいよう、と気持ちを切り換え、楽しい「今日」を重ねていけば、結果的に上機嫌な日々が続いて、悩みはあまり気にならなくなり、今を生きる喜びが増大されるだろうと、カーネギーは言うわけです。

彼は「今日だけは」と書いたコピーを何百枚も配ったそうです。要約を紹介しましょう。

1、今日だけは、幸福でいよう。
2、今日だけは、自分自身をその場の状況に順応させて、自分の欲望のためにすべてを順応させることを控えよう。自分の家族も仕事も運も、あるがままに受け入れて、自分をそれに合わせよう。
3、今日だけは、体に気をつけよう。
4、今日だけは、自分の精神を鍛(きた)えよう。
5、今日だけは、魂(たましい)の訓練のために三つのことをしよう。誰かに親切を施(ほどこ)し、気づかれないようにしよう。ウィリアム・ジェイムズが教えているように、修養のために少なくとも二つは自分のしたくないことをしよう。
6、今日だけは、愛想(あいそ)よくしよう。
7、今日だけは、今日一日だけを生き抜くことにして、人生のあらゆる問題に同時に取り組むことをやめよう。
8、今日だけは、一日の計画を立てよう。

9、今日だけは、たった一人で静かにくつろぐ時間を三十分だけ生み出そう。

10、今日だけは、恐れないようにしよう。特に幸福になることを恐れたり、美しいものを楽しむことを恐れたり、愛することを恐れたりしないようにしよう。

今日を生きることを考え方の基本にして、今日だけは上機嫌でいようとする毎日をすごしていれば、結果的に上機嫌な人生を送れるというわけです。

カーネギーのアドバイス

快活に考え行動すれば、自然に愉快になる。

幸せな精神状態を養うためのプラクティス

- 落ち込んだときこそ、フリだけでも元気で楽しそうにふるまおう。
- 最後まで希望を失わないようにしよう。
- 今日だけは上機嫌でいよう、と毎日思おう。

13

仕返しは高くつく

死ぬ間際に「あの5分の1の時間を返して」と後悔しないために

◆仕返しをすると自分に返ってくる

仕事には、嫌なことはつきものです。社会に出たばかりのみなさんも、取引先やお客さん、あるいは上司から理不尽（りふじん）と思えることを言われて、思わず「仕返しをしてやりたい」と怒りにかられることがあるかもしれません。

しかし、仕返しほど意味のないものはありません。カーネギーは例として、怒りにかられて従業員を追いかけ、憤怒（ふんど）のあまり心臓麻痺（まひ）で亡くなってしまった喫茶店店主をあげています。

イエス・キリストが「自分の敵を愛しなさい」と言ったのは、たんに道徳を説いたのではありません。病気の予防法について語っていたのだ、とカーネギーは面白い解釈をしています。

たしかに頭にきて相手に仕返しをしても、また相手から反撃されて仕返しが終わらなくなると、心身ともに消耗（しょうもう）するのではないでしょうか。

私はネットのレビューを読むのが好きですが、アイドルグループの乃木坂（のぎざか）46と欅坂（けやきざか）46のファンの間でけんかが始まって、「そこまで言わなくても」という感じで、文章がエスカレートしていくのを見たことがあります。

仕返しをし合っても、お互いに気分が悪くなるだけで、相手をやっつけて気分が晴々とするケースはあまりありません。

シェイクスピアも言っています。

敵のために暖炉を熱しすぎて
おのが身を焦がさぬように

◆嫌な相手は通りすぎるか、慇懃無礼に接しよう

哲学者のニーチェは、どうしてもそりが合わない人に対しては、通りすぎるのがいい、と言っています。私も同感です。町なかで危なそうな人が向こうから歩いてきた

ら、私たちはさりげなく避けますよね。
それと同じようなもので、変なことを言ったり、やったりしてくる人は、その時点でもう危ない人ですから、すっと避ける。そうすれば、それ以上関わらないですみます。戦うより、通りすぎたほうがいいのです。

それでもしつこく仕掛けてくるときは、慎重に対処しなければなりません。プラスに反応しても、マイナスに反応しても、それをえさにしてモンスターが巨大化することがありますので、なるべくえさを与えないようにするべきです。

対処のしかたのひとつとして、「慇懃無礼（いんぎんぶれい）」という方法があります。無礼と思えるほど丁寧に丁寧に接して、結局は遠ざけるというやり方です。

「敬遠」も同じです。「敬」して「遠」ざける。反論せずに「おっしゃる通りですね」と言いながら、丁寧に遠ざけていくのが、社会人としての大人のやり方です。

言い返したいところをぐっと我慢して、上手に距離を取るような丁寧な言葉づかいができたら、「社会人として自分は最善を尽くした」と思うようにしましょう。

◆何をされても忘れてしまえば、なかったも同じ

丁寧に対処して、ベストの結果を招いたある弁護士の例をカーネギーは紹介しています。その弁護士は第二次世界大戦中、一文（いちもん）なしでスウェーデンに逃れました。すぐに仕事を探さなければならなかったので、ある会社に手紙を出したところ、ひじょうに失礼な返事が返ってきました。

「あなたは愚劣です。雇う気はありません。あなたの手紙は誤字だらけです」というような内容です。しかしその手紙自体が誤字だらけだったのです。弁護士は怒りにまかせて、手紙の主（ぬし）を懲（こ）らしめてやろうと思いました。

しかしそこで仕返しを思い止まり、丁寧に手紙を送りました。

「わざわざお手紙をいただき、ありがとうございました。自分の気づかない文法上の誤りを恥ずかしく思っております。今後はいっそうスウェーデン語の勉強に励みます。ご忠告をいただき厚く御礼申し上げます」

すると2、3日後に、その会社から「一度お会いしたい」という手紙が来て、弁護士は無事仕事にありつけたのです。

カーネギーは言っています。

「私たちは聖者と違って自分の敵を愛するのは無理かもしれない。けれども、**自分自**

身の健康と幸福のために少なくとも敵を許し、忘れてしまおう。これこそ賢明というものだ。孔子も言っている。『虐待されようが、強奪されようが、忘れてしまえばどうということもない』」

かつてカーネギーはアメリカ大統領だったアイゼンハワーの息子に、父親についてたずねたことがあります。息子は「父は一分間といえども、自分の好まない人間のことを考えながら無駄な時間を過ごしたことはありません」と答えています。

多忙な大統領の職に就く人ならではのすっきりした考え方です。

◆人生の5分の1をムダにしないために

私たちは自分がされたことについて、なかなか忘れられず、つい考えてしまいます。その時間がムダだということを肝に銘じましょう。

放っておけば、たぶん人生の5分の1くらいは嫌なことや嫌な人ついて考えているかもしれません。すると、死ぬときにこう思うのではないでしょうか。

「あの5分の1があったらなあ。好きな映画を見たり、好きな音楽を聞いたり、好きな人と会っておしゃべりしたり、もっといろんなことができたのに」と。

死ぬ間際に「あの5分の1を返して!」と思うくらいなら、嫌なことや仕返しはさ

っさと忘れて、今から好きなことにその時間を使いましょう。

カーネギーのアドバイス

仕返しをしてはならない。敵を傷つけるよりも自分を傷つける結果となるからだ。私たちはアイゼンハワーの態度を見習おう。つまり、嫌いな人について考えたりして、一分間たりとも時間を無駄にしないことだ。

幸せな精神状態を養うためのプラクティス

- 仕返しをしてもお互いに気分が悪くなるだけだと、肝に銘じよう。
- 変な人が来たら、すっと通りすぎる。
- それでも何か言ってきたら、慇懃無礼で返そう。
- 嫌なことや仕返しを考えていると、人生の5分の1をムダにすると思おう。

14

恩知らずを気にしない方法

人は感謝しないのだから、それを期待するほうがバカだと思おう

◆感謝する気持ちを持てる人はまれである

相手のためにいろいろしてあげたのに、全然お礼を言われないどころか、相手はすっかりそれを忘れている、というのは、社会に出ればよくあることです。

キリストはある日、10人の重い皮膚病（ハンセン病）患者を治しました。しかし彼に礼を言ってきたのはたったひとりでした。残りの9人は礼も言わずに姿を消してしまったのです。

イギリスの文学者サミュエル・ジョンソンは「感謝の心はたゆまぬ教養から得られる果実である。それを粗野（そや）な人々の中に発見することはない」と述べています。要するに感謝する気持ちを持てる人はまれだから、あきらめたほうがいいということです。

そもそもこちらがしてあげたと思っているほど、相手はそれを覚えていないものです。逆に言えば、自分もそうだということです。

親子関係はその最たるものです。親は子どもに対して生まれてからいろいろなことをしますが、子どもが感謝するとは限りません。それどころか、１００分の１でも嫌なことがあったら、それを風呂敷のように広げて、今自分がこんなに調子が悪いのは親のせいだ、と恩知らずなことを言ったりします。

シェイクスピアのリア王は「感謝することを知らぬ子を持つのは、ヘビの歯でかまれるよりも苦しい」と叫んでいます。同じようなことが、日本でも有名な会社の経営者親子の間でくり広げられたことがありましたね。

人間とはそういうものなのです。カーネギーは恩知らずを気にしないために強調したい第一のポイントとして、次のように言っています。

「人間は生まれつき感謝を忘れやすくできている。だから絶えず感謝を期待していることは、自ら進んで心痛を求めていることになる」

感謝する心は後天的に育(はぐく)まれた特性であって、生まれつきのものではない、とカーネギーは言います。もし子どもが恩知らずだったとしたら、感謝することを教えなかった親を非難すべきだと言うのです。

カーネギーの知人は二人の子どもを連れた未亡人と結婚しました。知人は連れ子を大学に入れるために身を粉にして働きましたが、妻も連れ子も感謝のそぶりさえ見せませんでした。その結果、連れ子がどんな大人になったかというと、ひとりは雇い主からお金を取ろうとして刑務所行きになってしまったのです。感謝することを教えなかった母親のせいだ、とカーネギーは言います。

人に感謝などしないのが人間の天性である。だから期待するだけバカバカしい。

ここまで言ってもらえると心地よい気がします。

◆与えるという行為で満足しよう

では、どうせ感謝されないのだから、何もしてやらないのかというと、そういうことではありません。

カーネギーの両親は、自分たちが貧乏だったにもかかわらず、他人を助けるのが好きだったそうです。

毎年欠かさず孤児院あてに寄付金を贈っていました。そのことで特別礼を言われたことはありませんでしたが、両親は十分幸せでした。「何の返礼も期待せずに幼い子供たちを助けているという喜びがあったからである」とカーネギーは述べています。

そして、恩知らずを気にしないための第二のポイントとして次のようなことをあげています。

「幸福を発見したいと願うなら、感謝とか恩知らずなどと考えずに、与えるという内面の喜びのために与えるべきである」

たとえ感謝されなくても、与えるという行為で、十分感謝に値する喜びを得ているというわけです。

ですから、「そもそも感謝を期待している自分のほうがおかしいのだ」と考えておくと、「相手がおかしい」と腹を立てずにすみます。**相手が恩知らずなのを変えることはできないのですから、それについて文句を言っている自分のほうがおかしい。**

「まあ、人間はそういうものか」と、自分の考え方を変えれば、気持ちが楽になります。

そうすれば、たまに感謝されると「まさかこんな僥倖（ぎょうこう）があるなんて」とひじょうにやりがいを感じます。自分は手紙を出したのに、相手から返事が来ない。これは当然で、自分は出したいから出したのだ、と思えば、こちらのダメージも少ないということです。

カーネギーのアドバイス

Ⓐ恩知らずを気に病む代わりに、むしろ恩知らずを予期しよう。キリストは一日に十人のらい病患者を癒したが、キリストに感謝したのはただ一人だけだったことを思い出そう。キリストが受けた以上の感謝を期待するのは無理ではあるまいか?

Ⓑ幸福を見つける唯一の方法は、感謝を期待することではなく、与える喜びのために与えることである。

Ⓒ感謝の念は後天的に「育まれた」特性であることを思い出そう。だから、子供に感謝の念を植えつけるためには、感謝の念を持つように子供に教えなければならない。

幸せな精神状態を養うためのプラクティス

- ●人は何かしてもらっても、すぐ忘れると思おう。
- ●恩知らずな人を変えることはできないので、自分の考え方を変えよう。
- ●人に何かしてあげるのは、自分がやりたいからそうしたのだ、と思おう。

15

百万ドルか、手持ちの財産か

ないものねだりをするより、持っているものの価値に気づこう

◆自分には両足があり、歩くことができる

私たちはとかくないものねだりが多いものです。学生時代の仲間がいい暮らしをしていると聞くと「あいつはあんなに成功しているのに、自分はなんだ」などと、今の環境がみじめに思えることもあります。そんなときカーネギーは、浴室にこんな言葉を貼っている知り合いの話を例に出して、励ましてくれます。

靴がないとしょげていた
両足もがれたその人に
通りで出会うその前は

カーネギーの知り合いは無職で落ち込んでいたとき、通りでローラー・スケートの車輪を取りつけた小さな木の台に乗った両足がない男に出会ったのです。その男は「おはようございます。今朝はよく晴れましたねえ」とさわやかに挨拶して、通りすぎて行きました。

その後ろ姿を見送ったあと、カーネギーの知り合いは、自分がいかに恵まれているかに気づくのです。「私には二本の足がある。歩くこともできるではないか」

自分が持っているものに気づけたとき、「あれがない。これがない」と悩んでいた自分がいかに愚かだったか、と気づかされるわけです。

◆両目を1000億円で売ることができるか？

ドイツの哲学者ショーペンハウエルは、「我々は自分に備わっているものをほとんど顧慮（こりょ）せずに、いつも欠けているものについて考える」と述べています。

あなたは両目を10億ドルで手放す気はありますか？　とカーネギーは聞きます。10億ドルというと1000億円ぐらいでしょうか。「1000億やるから、両目をくれ」と言われたら、みなさんは渡しますか？　渡さないでしょう。ならば聴覚なら渡しますか？　家族はどうでしょう？

私たちは今持っているものがどれだけ大事なのか、忘れているのです。ないものねだりをするよりは、今自分が持っている価値をもう一度見直してみようということです。


イギリスの評論家スミスはこんな名言を残しています。「人生には目標とすべきものが二つある。第一は自分の欲するものを手に入れること、第二はそれを楽しむことである」

要するに今あるものを楽しめという意味です。

持てるものを最大限楽しんだ人の例として、カーネギーは大学教授のダールを紹介しています。彼女は50年間も盲人同様にすごしてきました。本を読むときは、ほとんどまつ毛がページに触れるほど近づけて文字を拾ったといいます。

それでも彼女は、全盲になりはしないかという恐怖を克服するために、「人生に対して快活というよりも陽気な態度で立ち向かった」と記しています。

彼女が52歳のとき奇跡が訪れます。目の手術を受け、以前の40倍もよく見えるようになったのです。突如、美しいおとぎの国が彼女の前にあらわれました。

小さな洗剤の泡をすくうと、泡の中に美しい虹が見えます。窓から外を見ると、雪の中を灰色のすずめが横切っていきます。彼女はこの美しい世界をつくってくれたことに対して、神に感謝の祈りをささげています。

私たちはどうでしょうか。**夢のように美しいおとぎの国に住みながら、目をふさいで見ようともしません。それがあたりまえなので、洗剤の泡の中に美しい虹があるのも気づかないのです。**

◆自分の中の弱点をプラスに変えて生きよう

ですから、欠けているものを数えてもしようがない、これから訪れるかもしれない100万ドルよりも、手元にあるものを数えなさい、というメッセージです。

顔や体に関する悩み事もそうかもしれません。私の目はどちらかというと小さいほうです。中学時代の友達は郷ひろみそっくりのパッチリした目でした。とてもモテていましたが、その子はしじゅう目にゴミが入って大変でした。小さい目であっても「そのほうがゴミが入らなくてよかった」と思えば、肯定できます。

印象派を代表する画家モネは光に満ちあふれた美しい絵を描いていましたが、晩年は何かおどろおどろしい色使いの抽象画のような、しかし迫力のある睡蓮（すいれん）を描いています。一説によると、目の機能がおかしくなっていたのではないかといわれています。

ベートーベンも耳が聞きづらくなってから、有名な交響曲第9番を書きました。

目がおかしくなろうが耳が聞こえなくなろうが、モネは自分が見た感覚を描き続け、ベートーベンは「歓喜の歌」を残しました。

それらはほかの人には描き得ない作品になっています。病気も含めて、自分の中の弱点をプラスに変えて考えてみるのが、人生を幸せに生きる秘訣だと思います。

カーネギーのアドバイス

厄介事を数え上げるな、恵まれているものを数えてみよう。

幸せな精神状態を養うためのプラクティス

- 自分が持っているものにフォーカスする。
- 目が小さくても「ごみが入らなくてちょうどいい」と考えよう。
- 体の弱点もプラスにできる。モネやベートーベンのように。

16

自己を知り、自己に徹する

スペシャルな自分に気づき、「自分らしく」あることを肯定しよう

◆自分らしさを失うと一番の長所も失くしてしまう

社会に出る前にみなさんは就職活動をされたと思います。カーネギーは、6万人もの求職者を面接した大手石油会社の人事部長の話を引用しています。

「就職希望者の犯す最大の誤りは本来の自分ではなくなることだ。警戒心を解き、素直な態度をとるべきなのに、彼らはしばしば相手が望んでいると思う答えをする」

みんな「求められる人物像」を演じようとしますが、それだと人と似てしまって差が出ません。結局、自分らしくふるまった人のほうが採用されることがあります。

私はフリーアナウンサーの生島ヒロシさんとお話しさせてもらったことがあります。生島さんはTBSテレビの面接で「私はTBSに入ります。でもその後フリーになっ

てバリバリ働きます」と言って、採用されたそうです。

カーネギーは「自分らしくふるまう」大切さを強調しています。私も同感です。野球の桑田真澄投手は中学のとき、全国ナンバー1のピッチャーでした。でも野球で有名な高校に入ったとき、「その投げ方ではダメだ」とフォームを徹底的に直されました。するとめった打ちにあい、投手をはずされて外野手に回されてしまうのです。ところが、ひとりのコーチが外野からの桑田選手の返球に目をとめました。コーチは監督に「この子にピッチャーをやらせてみたらどうか」と進言し、つきっきりでフォームを直します。「外野から投げていたあのフォームで投げてみろ」。それは中学時代に投げていた元のフォームだったのです。

桑田選手はそのフォームで投げ、甲子園で決勝まで投げ抜いて優勝します。

自分らしさを失うと、自分の一番いい長所も失われてしまいます。長所は欠点と表裏一体ですから、欠点を直すのはいいのですが、長所が失われてしまうような直し方はよくないと思います。

◆唯一無二の存在である自分を肯定しよう

人はみな唯一無二のスペシャルな存在です。その証(あかし)についてカーネギーは遺伝子の話を引き合いに出しています。私たちはみな父母双方から与えられた23ずつの染色体が結合してできています。さらに染色体の一つひとつには何万という遺伝子がありま す。

カーネギーは「あなたという特定な人間が生まれる確率は三百兆分の一ぐらいでしかない」と述べています。いかに自分が唯一無二であるかを強調しているのです。

自分がスペシャルな存在であるとわかるのはそれほど難しくありません。友人3人とそれぞれが好きなものを3つずつ書いてみましょう。3人が一致することはほぼありません。好きなものですら、ズレているのです。

自分をスペシャルだと思えなくても、ユニークな存在だとは言えるでしょう。ユニークというのは、変わっているという意味ではなく唯一無二という意味です。**弱点も含めて唯一無二。それをちゃんと見つめられると、自己肯定感につながっていきます。**

カーネギーは若いころ、この唯一無二のユニークさを尊重せず、人の真似をして失敗した経験があります。彼は一時期俳優をめざしていたのです。ニューヨークの演劇学校に通い、当時の名優たちの演技をひたすら真似ていたそうです。しかしまったくものになりませんでした。

その後も、ビジネス書を書くときに、さまざまな著者のアイデアを借用して自分の本に盛り込んだのですが、やはり失敗します。カーネギーは悟るのです。

「お前は欠点も限界もそっくり含んだデール・カーネギーになりきるのだ。お前は自分以外の者になれるわけがない」

そして彼は彼ならではの本を書いて、大成功をおさめることになります。

◆自分の才能を見つけるには出会いの機会が大切

アメリカの思想家エマーソンはこう言っています。

「人間の中に潜む力はもともと新鮮である。自分に何ができるかを知っている人間は自分以外にないが、自分でさえ試みるまではわからない」

自分でも自分の中にどんな才能が隠れているのかわかりません。いろいろチャレンジしたときに、自分はこれに向いているのだとわかります。

私の友人にも、運動全般がすべて苦手で、走るのもボール競技もみんなダメでしたが、唯一新体操にはまったという人がいました。高校時代に新体操に出会って、すごく自信を持ったそうです。

同窓会で「あの子、あんなに堂々としていたっけ?」という話になったら、「あれは部活で新体操に入ってはまったらしいよ」と言われて、なるほどと思いました。

明石家さんまさんの付き人をしていたジミー大西さんも、芸人時代はその面白さがなかなか伝わりませんでした。しかしその後、絵の道に進み、画家として高い評価を得ました。

そんなふうに、**いろいろチャレンジしていると、思いがけない出会いがあります。「ああ、自分はこれが向いていたんだ」という発見もありますので、出会いの機会をつくることも大切です。**

詩人のダグラス・マロックはこんな詩を書いています。

木になれないのなら、藪(やぶ)になれ。
藪が無理ならば、一握りの草になれ。
そして、大通りを楽しくしてやれ。
(略)

成功と失敗を分けるのは大きさではない。
何になろうと最上のものになれ!

カーネギーのアドバイス

他人の真似をするな。自己を発見し、自己に徹しよう。

幸せな精神状態を養うためのプラクティス

- 自分らしくふるまおう。そのほうが結果はいい。
- 長所と欠点は表裏一体。「自分らしく」に肯定感を持とう。
- 自分が何に向いているかは、やってみないとわからない。積極的にチャレンジしよう。

17

レモンを手に入れたらレモネードをつくれ

不快なことがやってきても、それを楽しめば喜びに変わる

◆酸っぱいレモンを甘いレモネードに変えよ

レモンは日本ではさわやかなイメージがありますが、アメリカでは「不快なもの」「欠陥品」「役立たず」などというネガティブな意味があるようです。ですから「レモンを手に入れたらレモネードをつくれ」とは、「マイナスなものがあっても、プラスに変えなさい」という象徴的な意味だと思ってください。

精神科医のアドラーも、**人間の驚嘆（きょうたん）すべき特質のひとつは「マイナスをプラスに変える」能力である、**と言っています。

夫が砂漠地帯に配属され、ついて行った女性がいました。来る日も来る日も砂だら

けの生活で、妻は音をあげて、両親に手紙を書きます。

こんなところにいるくらいなら、刑務所のほうがまだましだ。

すると父親から返事が届きました。たった2行のその手紙が女性の人生を一変させてしまったというのです。手紙にはこう書かれていました。

刑務所の鉄格子の間から、二人の男が外を見た。
一人は泥を眺め、一人は星を眺めた。

女性は砂漠に住む先住民と友だちになり、新しい世界を知ります。それを題材とした小説を書き上げたそうです。彼女はレモンをレモネードに変えたわけです。

私が知っている女性はホテルで働いています。それまでは日本人の常連のお客さんに応対する部署でしたが、人事異動で外国のお客さんと接する仕事に就くことになりました。

いろいろなお客さんがいて、とんでもないリクエストもあるので、最初は面食らったそうです。でもそのうち面白いと思えるようになったと言っていました。**大変なこ**

とは大変ですが、それを不愉快なリクエストと取るか、「こんなことを言ってくるんだ」と面白がって取るかによって、レモンがレモネードに変わるかどうかが決まります。

◆不遇だからこそ、素晴らしいものが生み出せる

カーネギーは、両足の自由を失いながらマイナスをプラスに変えた人の話を書いています。彼は24歳のとき、自動車事故で背骨を損傷し、下半身麻痺になってしまいました。以来、ずっと車椅子の生活を送っています。

しかしそのおかげで、本を読むようになり、14年間で１４００冊もの本を読破したそうです。そして政治に興味を覚え、車椅子で遊説して回って、ジョージア州の州務長官になりました。

カーネギーは長く社会人教育に携わってきました。なかには大学教育を受けられなかったことをコンプレックスに思う人もいると言っています。そういう人に対して、カーネギーは、民主党の大統領候補になったアル・スミスという政治家の話をするそうです。

彼は赤貧（せきひん）の家に育ち、小学校しか出ていないのに、1日16時間も勉強し、著名な政治家になりました。彼は「無知」というレモンを、「知識」というレモネードに変えたのです。

そういう例は世の中にたくさんあります。イギリスの詩人、ジョン・ミルトンは盲目だったがゆえに、優れた詩を残しました。チャイコフスキーは悲劇的な結婚をして自殺寸前まで追い込まれましたが、だからこそあの名曲『悲愴交響曲』が生まれました。

ドストエフスキーやトルストイが苦難に満ちた人生を送らなかったら、彼らの名作は生まれなかったかもしれません。

私の教え子で学校の教師になった卒業生は、初めてのクラスで、ある女子高生からからかわれて、ひじょうにムカついたそうです。でも一生懸命教えていたら、その子が一番なついてきて、助かったと言っていました。

カーネギーはボリソーという人の言葉を引用しています。

「人生で最も大切なことは利益を活用することではない。それなら馬鹿にだってできる。真に重要なことは損失から利益を生み出すことだ。このためには明晰な頭脳が必要となる。そして、ここが分別ある人と馬鹿者との分かれ道になる」

あきらかに貧乏くじを引いてしまった、と思ったときでも、そこからレモネードをつくる努力をすれば、人生はいくらでも幸せに生きられるのです。

カーネギーのアドバイス

運命がレモンをくれたら、それでレモネードをつくる努力をしよう。

幸せな精神状態を養うためのプラクティス

- 不愉快なリクエストでも「へえ～、こんなことを言ってくるのだ」と面白がろう。
- 貧乏くじを引いたからこそ活躍しているたくさんの偉人を思い出そう。

18

二週間でうつを治すには

人を喜ばせることを考えれば、自分の悩みを考えている暇がなくなる

◆人を喜ばせるのは自分のため

最近、うつ病になり、会社を休職する人が増えているといわれます。もしうつが2週間で治る方法があったら、ぜひ知りたいものです。カーネギーは「私はどのようにして悩みを克服したか」という体験談を募集しました。その中で素晴らしいものを紹介しています。

ある男性は子どものころ、孤児同然になり、そのことで学校でいじめにあっていました。そのとき養親から「いじめっ子たちに興味を持ち、彼らが喜びそうなことをしなさい。そうすれば彼らと友だちになれる」と助言されます。

彼は懸命に勉強してクラスで1番になり、成績が悪い子に勉強を教えてあげたり、宿

題の手伝いをしました。その結果、人気者になれたのです。

カーネギーによると、精神科医のアドラーはうつ病患者に対して、決まってこの言葉を言ったそうです。

「この処方どおりにしたら二週間できっと全快しますよ。それは、どうしたら他人を喜ばすことができるか、毎日考えてみることです」

アドラーいわく、「うつ病とは、他人に対する長期に及ぶ憤怒（ふんど）、非難のごときもの」です。うつになると他人に恨みや不満を抱えがちです。だからどうすれば他人を悩ますことができるかと考える傾向があります。

でも**他人を喜ばせることを考えるようになると、悩んでいる時間がなくなるのです。**

古今東西の宗教家も、みな同じようなことを言っています。イエス・キリストの「あなたの隣人を愛せ」は有名な言葉ですし、預言者ムハンマドも「善行とは他人の顔に歓喜の微笑みをもたらす行為である」と言っています。

ゾロアスター教でも「他人に善を行うのは義務ではない、歓喜である。それは行う者の健康と幸福とを増進する」と教えています。

日本にも「情けは人のためならず」ということわざがあります。人に親切にすると、めぐりめぐって自分に戻ってくるという意味です。他人が喜ぶようなことをするのは、自分に喜びと魂の平安をもたらします。

人を喜ばせるのは、実は自分のためなのだ、とわかれば、人を喜ばせる行為のハードルがずいぶん低くなる気がします。

◆1日1回でも人を微笑ますことができたのか

人を喜ばせるには、何も高いプレゼントが必要なわけではありません。相手に興味を持ち、ささいなことでも話しかけることだ、とカーネギーはすすめています。たとえば店員さんに「いつも笑顔が感じいいですね」とか、シェフに「ここの味はスペシャルですね」と話しかければいいのです。

それだけで、相手だけでなく、こちらも幸せな気持ちになれます。

悩みは自分の心の内側へともぐっていってしまうものですが、その方向性を逆にして、外側に向けたとき、自分という存在を一度忘れられるのではないでしょうか。

自分は今日1回でも人を微笑ませたのか。人に話しかけたのか。やっていないのなら、まずはそれからやってみよう、というふうに考えていくと、内側の世界にこもり

がちな毎日を、少しでも外側に向けて方向転換できるでしょう。

私は犬と散歩をしています。道の途中でいつも会うおじさんたちがいます。最初は犬に無関心でしたが、犬が寄っていって尻尾を振ると、おじさんたちが自然に可愛がってくれるようになりました。

すると犬も大喜びして、おじさんたちを見ると、体をくねくねさせ、尻尾を猛烈に振って全身で喜びを表現するようになりました。おじさんたちは、犬が喜んでいるのを見て、幸せな気分になります。

相手が喜ぶのを見て、こちらも幸せになるという循環が自然に起きます。この循環を得るために、ささいなことでも相手に話しかけたり、接触する機会を大切にしよう、とカーネギーは言っているわけです。

◆自分にとってのコンサート会場は何なのか

若い方たちが仕事を選ぶときも、自分が誰かを幸せにしていると思えると、やりがいを持って仕事が続けられます。たとえば美容師さんがセットを仕上げたとき、「わあ、きれいになった」とお客さんが喜びます。その笑顔が仕事をやる原動力になります。

仕事は、基本的に他者へのサービスです。お金で何かするから楽しいというのは消

費であって、心の奥底の幸福感ではありません。本当の幸福感とは、自分がほかの人にエネルギーを使い、その人が喜んでくれたときに感じられるものなのではないか、と思います。

たとえばミュージシャンがそうです。ただCDを出して売れるだけでは満足しないといいます。やはりコンサートをやって、会場全体がうわーっと盛り上がり、お客さんが喜んでくれる。その反応によって自分も生き生きと幸福感を得られるのです。

自分の仕事におけるミュージシャンのコンサート的なものは何だろう、と考えてみるといいと思います。多くの場合、それはお客さんとじかに触れ合っているときではないでしょうか。

私はタクシーにものすごい頻度で乗りますが、気持ちのいい会話のやりとりがあって、とてもさわやかな気分になれる人がいます。あまりに気分がよくて、その人を覚えていたら、何とそれから3度もその人のタクシーに乗る（しかも違う場所から）という偶然に当たったことがあります。お互いに笑顔で、気持ちを交換しあいました。

車の中のあの空間が運転手さんにとってのコンサート会場でしょう。

コンサート会場では、出演者は思い切りお客さんを楽しませる。**お客さんも「よか**

ったよ」と伝えてあげる。喜びを伝えあうのも、人助けになるということです。

カーネギーのアドバイス

他人に興味を持つことによって自分自身を忘れよう。毎日、誰かの顔に喜びの微笑みが浮かぶような善行を心がけよう。

幸せな精神状態を養うためのプラクティス

●店員さんに「いつも笑顔が感じいいですね」、シェフに「ここの味はスペシャルですね」などと話しかけてみよう。

●今日は何人、人を微笑ますことができたか考えよう。できていなかったら、すぐにそれをやろう。

●自分にとっての〝コンサート会場〟は何かを考えてみよう。

第五章

悩みを完全に克服する方法

19

私の両親はいかにして悩みを克服したか

手を合わせて祈ることで、悩みは軽減されていく

◆悩みに対する最大の良薬は宗教心である

この章はカーネギーの両親の体験から、どうしたら悩みを克服できるか、ということについて述べています。

カーネギーの家はとても貧しかったようです。母親は学校の先生、父親は農作業をしていましたが、借金に追われどおしで、家にはほとんど現金がありませんでした。

カーネギーは毎日1・6キロ歩いて学校に通いました。大雪が積もり、気温が零下28度（!）のときでも、長靴はなく、足をびしょびしょにして通学していたといいますから、かなり過酷な幼少期をすごしたわけです。

しかし両親がいくら働いても、借金ばかりがふくらんでいく一方でした。あるとき

父親は銀行で悪しざまにののしられ、その帰りに橋の上から身を投げようとしたことがあったそうです。ひと思いに飛び込めば楽になる、とまで追いつめられてしまったのです。

それでも父親が命を断たなかったのは、神を信じていた母親のためでした。彼女は敬虔なクリスチャンで、一家は、毎晩夜寝る前に、聖書の言葉を朗読し、神に祈りをささげるのが習慣でした。

カーネギー自身は宗教に疑問を持った時期もあったようですが、それでも「母は正しかった」と述べています。というのも、カーネギー一家は最後には何もかもうまくいったからです。

母親は心の悩みのすべてを神に訴え、どんなときでもけっして愚痴を言ったり、くよくよ悩むことはありませんでした。父親もその後、幸福に暮らして亡くなったということです。

心理学者のウィリアム・ジェイムズは「**悩みに対する最大の良薬は宗教的信仰である**」と述べています。「**神におまかせする**」のが自分を楽にする、という感覚でしょう。

フォード・モータ―ズを創業したヘンリー・フォードも、カーネギーに「悩んだことはありませんか?」と聞かれて、こう答えました。

「ありませんな。何事も神が支配しておられるし、神は私の意見を必要とされない。神が責任を持ってくださる限り、万事が結局は理想的に処理されると信じます。何を悩むことがありましょう」

さすがヘンリー・フォードです。世の中のことはみな「神のみぞ知る」ですから、自分がやれるだけのことをやったら、あとは悩まない。悩んでもしかたないことにエネルギーを取られないので、悩みと無縁なのです。

◆祈るとパワーがわいてくる

カーネギーは100パーセント神を信じていたわけではありません。しかし科学で解明できない宇宙の神秘、自然の神秘が厳然として存在していることも認めていました。

最終的にカーネギーはこんな結論に達します。

「祈禱や信仰の神秘を理解していなくても、信仰によって、より豊かで幸福な生活を楽しむことはできよう。やっと私は『人間は人生を理解するためにではなく、人生を生きるためにつくられている』というサンタヤナ（詩人）の英知を悟ることができた」

たくさんの人たちが祈ることによってパワーを得て、救われています。ノーベル生理学・医学賞を受賞したカレル博士は祈りのパワーについてこんなことを述べています。

「祈りは人間が生み出し得る最も強力なエネルギーである」「祈りはラジウムのように、光り輝く自己をつくり出すエネルギーを生む」「祈る時、我々は宇宙を回転させている無限の原動力と結合する」

祈るとパワーがわいてくるのは、科学的にも証明されているようです。

◆「お天道さま」に手を合わせる日本人の宗教心

キリスト教のような一神教の神を持たない私たち日本人にとって、「祈り」は縁遠い存在だと思うかもしれません。でもそんなことはありません。ひと昔前まで、日本人はみな「お天道さま」を拝んでいました。

「お天道さまに恥ずかしくないような生き方をしなさい」とか「天の神さまの言うとおり」という言葉もよく使われました。西郷隆盛も、「天に恥じない生き方をする」という意味で「敬天愛人」という言葉を座右の銘にしていたほどです。

それに考えてみれば、日本にはどこに行っても神社やお寺があります。最近は若い人でも神社の鳥居の前で手を合わせてお辞儀をしてからくぐったり、神社の前を通るだけでもお辞儀をしているのを見かけることがあります。

昔はそれほど見なかったので、最近の人は礼儀が正しくなったな、と思います。

とにかく**日本はそこら中、神社やお寺だらけなので、お賽銭を入れたり、手を合わせたり、初詣に行くのはあたりまえです。それこそが「祈り」だということに気づいていないのです。**

それに日本人にも、信仰心はかなりあると思います。たとえば阿弥陀信仰は、南無阿弥陀仏を唱えて阿弥陀さまにおまかせするもので、いわゆる他力本願ですが、これによって救われた人がたくさんいます。

日本でももっとも有名な哲学者の西田幾多郎もそのひとりです。彼は幼い娘をチフスで亡くして、悲嘆にくれます。「ああすればよかった」「こうすればよかった」と後悔ばかりが駆けめぐり、悩み苦しむのですが、親鸞の言葉に出会って救われます。

自分の力で何とかできると思うから後悔が起きるのだ。自分の力など取るに足らない。そう思って、他力本願に目覚めたら、「娘にこうすればよかったのではないか」という思いから離れることができたという話がエッセイに書かれています。

祈ることによって、救われたというカーネギーの両親のやり方は、キリスト教徒ではない日本人の私たちにも十分応用できる方法です。

◆祈れば問題が整理され、行動に向かう一歩になる

祈るとどんないいことがあるかについてカーネギーは3つの点をあげています。

1、祈りは、私たちが何のために悩んでいるかを言葉で正確に表現する助けになる。（略）祈りはある意味で、問題を紙に記述することと似ている。もし問題の解決に助力がほしいのなら、相手が神であっても、それを言葉で表現しなければならない。

2、祈りは私たちに、自分一人ではなく、誰かと重荷を分担しているような感じを与える。（略）誰にも話せない時には――いつでも神に訴えることができる。

3、祈りは、行為という積極的な原理を強制する。これこそ行動への第一歩である。

1について言うと、**祈るときは「何々がこうなったらありがたい」と言葉であらわ**

します。言葉で言えると、問題が整理されて解決に向かうのです。

2については、祈っているときは、その相手（神でも天でもいいのですが）に重荷を分担してもらっている気がします。**ちょうど悩みを他人に打ち明けているときのような安心感があるのです。**

3に関しては、**祈って、言葉にしているうちに、それが行動にあらわれてきます。**祈るのは神頼みだから消極的だと思うかもしれませんが、けっしてそんなことはありません。

一神教とは異なりますが、何かにつけて手を合わせて、「ありがとうございます」と天に感謝していれば、それだけで気持ちが楽になるのです。

悩みを完全に克服するプラクティス

- 悩んだら手を合わせて祈ってみよう。
- 他力本願が悩みを軽くしてくれることもある。
- 祈ることで問題が整理され、行動に移しやすくなる。

第六章

批判を気にしない方法

20

死んだ犬を蹴飛ばす者はいない

人から批判されたら、「私をほめてくれているんですね」と思おう

◆批判することで優越感を感じようとしているだけ

誰でも人から批判されたらムカつきます。その批判に対してどうするのかというと、カーネギーは「不当な非難は、しばしば擬装された賛辞である」と一刀両断(いっとうりょうだん)しています。

要するに相手は嫉妬(しっと)心から批判しているだけ。だから批判されるのは、ほめられているようなものだというのです。

あるとき、名門シカゴ大学の学長に弱冠30歳の優秀な若者が就任したことがありました。ごうごうたる非難が年長の学者たちから寄せられました。カーネギーの友人がその若き学長の父親に、世間の批判についてたずねました。すると父親は余裕でこう答えたのだそうです。「確かになかなか手厳しかったですな。しかし、誰も死んだ犬を

蹴飛(けと)ばす者はいませんからね」

犬は元気に生きていて、ワンワン吠えるから蹴飛ばすのです。

「犬が元気であればあるだけ、大物であればあるだけ、人間はそれを蹴飛ばして大きな満足を覚えるのである」とカーネギーは言っています。

イギリスのエドワード8世ウィンザー公は皇太子時代の14歳のとき、上流階級の男子が通う学校でいじめにあいます。みんなから足蹴(あしげ)にされたというのです。校長先生が、なぜ皇太子をこんな目にあわせたのか生徒たちに聞いてみると、彼らは「皇太子がイギリス王になったとき『自分はキングを蹴飛ばしたことがある』と自慢したかった」と答えたそうです。

「だから蹴飛ばされたり、非難されたりした時、相手はそれによって優越感を味わおうとしている場合が少なくないことを覚えておこう」とカーネギーは言うのです。

◆批判されたら、ほめられたのだと理解しよう

ドイツの哲学者ショーペンハウエルも「低俗(ていぞく)な人々は偉人の欠点や愚行(ぐこう)に非常な喜びを感じる」という言葉を残しています。たしかにその通りで、私たちが知っている

偉人でもひどい批判を浴びていることがあります。

たとえばアメリカの独立宣言を起草し、第3代アメリカ大統領になったトーマス・ジェファーソンはエール大学の学長から「もしこの男が大統領に当選したら、我々の妻や娘は公認売春制度の犠牲者となり、はなはだしくはずかしめられ、堕落させられて、優雅さと道徳をすっかりなくし、神と人間から忌み嫌われるであろう」と弾劾されています。

なんとも強烈な言われようですね。またアメリカの初代大統領ジョージ・ワシントンは「偽善者」「ぺてん師」「人殺しより多少ましな男」と罵倒されたそうです。

その人に影響力があればあるだけ、批判はくるものです。

芸能人やアナウンサーなども本当にものすごい数の非難を浴びています。少し目立つことをすれば、あざといとか媚びを売っていると言われ、控えめにしていれば、そつけない、お高く止まっていると言われてしまう。「いったいどうすればいいんだ」と叫びたくなってしまうでしょう。

でも批判してくる人は、その芸能人やアナウンサーのことを知っているわけではありません。ろくに知らない人からめちゃくちゃに言われるのですから、考えてみれば、言いがかりにもほどがあります。

みなさんも相手から非難されているときは、何かしらの嫉妬心を相手に起こさせているのだと思い、「ああ、逆に私をほめているのですね」ぐらいにドンと構えているのがいいのではないかと思います。

カーネギーのアドバイス

不当な非難は、しばしば擬装された賛辞であることを忘れてはならない。死んだ犬を蹴飛ばす者はいないことを思い出そう。

批判を気にしないためのプラクティス

- 実力があって目立つ人は批判される。
- 批判する人は、自分のほうが優れていると思いたいだけだと考えよう。
- 批判されたら、「私をほめているのですね」とおおらかに受け止めよう。

21

非難に傷つかないためには

最善をつくしたあと、非難されたら無視して、笑うだけ

◆不当な非難は無視して、気にしない

若いみなさんはSNSを使う方も多いと思います。SNSをやるとちょっとした非難をもらうこともありますし、下手をすれば炎上することだってあります。炎上商法というのもありますが、社会人になったら、安易に自分の周辺を波立たせるようなことはしないほうがいいでしょう。

カーネギーは自分を取材しに来た記者から冷やかしのような記事を書かれて、ひどく憤慨したことがあります。でもしばらくして気づいたそうです。

「他人からの不当な批判を免れることはとうてい不可能だが、もっと決定的に重要なことが私にはできるということだ。つまり、**不公平な批判で傷つくかどうかは私次第**

なのだ」。要するに、不当な非難だと思ったら、無視すればいいのです。

カーネギーがある会社の社長に、批判が気になるかどうかたずねたことがあります。その社長は、若いころは全従業員から完全な人物に思われるようがんばりました。しかし努力すればするほど、敵が増えていったのです。

社長はカーネギーの質問にこう答えています。『人の上に立つ限り、非難を免れることは不可能だ。気にしないようにするしか手はない』と。この考えは驚くほど効果があった。その時以来、私は、いつも最善を尽くすことを心がけ、あとは古傘（ふるがさ）をかざして、非難の雨で首筋を濡（ぬ）らさないようにしている」

イギリスの首相だったウィンストン・チャーチルやマッカーサー元帥も、リンカーンのこんな言葉を壁にかけていたそうです。

「私は私が知っている最良を、私がなし得る最善を実行している。それを最後までやり続ける決心だ。そして最後の結果が良ければ、私に浴びせられた非難などは問題ではない。もし最後の結果が良くなければ、十人の天使が私を弁護してくれたところで、何の役にも立ちはしない」

どんなに非難されようと、やるだけのことやったら、あとは傘をさして非難の雨に濡れないようにしていればいいのです。ことわざでいえば馬耳東風（ばじとうふう）でいる、といったところでしょうか。

◆「ただ笑う」も非難をかわす有力な方法

不当に非難されたと思ったら、笑うという方法も役に立つ、とカーネギーは言っています。カーネギーの本によく登場するUSスチールの社長シュワッブの話です。

彼の工場で働いていた年寄りのドイツ人が他の工員たちと政治的な話でトラブルになりました。彼は激昂（げっこう）した工員たちによって川に投げ込まれてしまったのです。泥水でぐしゃぐしゃになった彼にシュワッブは質問します。「お前を川へ投げ込んだ連中に向かって何と言い返したんだ？」

ドイツ人の工員は答えました。「ただ笑っただけでさあ」。それ以来、シュワッブの座右の銘は「ただ笑う」になったそうです。自分が不当な非難にあっていると思ったときは、「ただ笑う」というのも効果的かもしれません。

反論すればますます叩かれますが、「ただ笑う」だけの相手には何か言う気もなくなってしまうでしょう。

◆「ポジティブなことだけ言ってください」とお願いする

私は個人的に言うと、非難されるのがすごく苦手です。絶対に非難されたくないので、テレビに出たときなどはなるべく妥当なことを言います。

講演会は見ず知らずの人が集まりますから、アンチな人もいるかもしれないと思うと気をつかいます。ジョークがウケないときは、「心の中では大爆笑」と思ってやっています。

その点、ミュージシャンのコンサートは自分のファンしか集まりません。非難されることは絶対ないので、うらやましい限りです。1度でいいから、私のファンです、という人たちだけの前で思う存分話してみたいものです。

とにかく私はひじょうに非難に弱いので、学生に授業の感想を書いてもらうときも、「ネガティブなことは書かないでくださいね。100人に1人でもそういうことを書いて、私がくじけると、みなさんにマイナスがありますから」と言っています。

ですからみなさんも**非難されて傷つく人は事前にそれを回避するように「ポジティブなことだけ言ってください」とお願いするのもありです。**「ほめてください、と言っているわけではありません。ただ、ここはOKというところを言ってください」とお願いすればいいでしょう。

時代はパワハラに厳しくなっています。傷つきやすいみなさんは、周囲にそれとなくアピールしておけば、ひどい非難は避けられる可能性があります。

カーネギーのアドバイス

最善を尽くそう。そのあとは古傘をかざして、非難の雨が首筋から背中に流れ落ちるのを防げばよい。

批判を気にしないためのプラクティス

- やるだけのことをやったら、非難されても馬耳東風でいよう。
- 非難されても反論せず、ただ笑おう。
- 「ポジィティブなことだけ言ってください」とあらかじめお願いしておくのもよい。

22

私の犯した愚かな行為

最初から「バカなんで」とハードルを下げておけば、人生は楽チン

◆アインシュタインでさえ99パーセントは間違っていた!

カーネギーの書棚にはFTDと見出しがついてファイルがあったそうです。FTDは「Fool Things I Have Done」、すなわち、「私が犯した・愚かな・行為」の略です。これを「愚行メモ」と名付けて、カーネギーはしばしば読み返し、自分を戒(いまし)めていました。

いわば自分自身による「カーネギー批判」を自己管理の方法に使ったのです。この方法のルーツはベンジャミン・フランクリンにあるようです。今でこそ、フランクリンは名言をたくさん残した人格者として知られていますが、かつては欠点が多いことで有名な人間だったようです。

そこで毎日自己反省して、13の重大な欠点を見つけました。これらを直さない限り、

自分は向上できないと思い立ち、まず第1の欠点と1週間連日戦うことにしたのです。1週間、この戦いに勝ったか負けたか記録をつけ続け、翌週は第2の欠点と戦いました。こんなふうに自分の欠点を取り上げては戦いを挑み、勝利するまで2年間、戦い続けたのです。

「彼がアメリカで最も敬愛され、とりわけ模範（もはん）とされる人物となったのも決して不思議ではない」とカーネギーは述べています。

アメリカの思想家エルバート・ハバードは「誰でも一日少なくとも五分間は、どうしようもない馬鹿になる」と言っています。聞くところによると、あの物理学の天才アインシュタインでさえも、「自分の結論は99パーセントは間違っていた」と語っています。

つまり、**人はたくさんミスを犯し、失敗するのだから、人から批判されることがあっても当然というわけです。**

◆批判を積極的に受け入れて活かす

カーネギーは、不当な非難をされたときは、無視せよとか、笑えと言っていますが、一方で、こんなことも言っています。

まあ、自分だって完全無欠じゃないからね。アインシュタインだってほとんど間違っていたと言っているくらいだから、自分が非難されてもしようがないな、と。

そういう失敗も含めて人間なのだから、犯した愚かな行為に自分自身で向き合えば、非難も役に立つということです。

世界的石鹸（せっけん）会社の社長のリトルは石鹸のセールスを始めたばかりのころ、あまりに石鹸が売れなかったために、心配になってしまいました。そこで売り込みに失敗した商店を回っては、何がいけなかったのか、聞いて回ったのです。

「私は石鹸を売りつけにきたのではありません。あなたのご批判とご意見をうかがいたいのです」

そうやって自分への批判を積極的に聞いたことによって、たくさんの友だちと貴重な忠告を得て、世界有数の会社に成長させることに成功したのです。

カーネギーは面白いことを言っています。ベンジャミン・フランクリンやリトルと同じことをするのは、大物がやることだと思うかもしれない。大物と同じことをするのが恥ずかしいなら、誰も見ていないところで、鏡をのぞき込んで「お前もそんな大物になるのではないのか」と言ってみればいいではないか、と。

人に迷惑さえかけなければ、大物の真似をしようと何をしようと個人の自由です。おおいに真似してみればいい、と私も思います。

◆可愛げがない態度を取ると人生をムダにする

ただ、私は個人的にはリトルの真似はやらないと思います。「ご意見、ご批判をお願いします」と言って、ダメ出しされると、本当にムカついてしまうので、「あなたに言われる筋合いはない」と言ってしまいそうだからです。

私は小さいころから自己評価がむやみに高くて、「誰が私を評価できるのだ」といういばった態度を取ってしまいました。大学も大学院でもそういう態度を露骨に取ってしまったために、いろいろな人から嫌われてしまい、ろくなことになりませんでした。

あるときなど私にダメ出ししそうな人を避けてしまったこともあります。せっかく私のために親切に指導してくれようとしたのに、そんな態度を取ってしまったので、相手を怒らせてしまいました。

なぜひと言「ご指導、ご鞭撻をお願いします」と言えなかったのか。そして何か指摘されたら、「ありがとうございます。さっそく直してみます」と言えなかったのか。

私にはそうした可愛げがいっさいなかったために、人間関係をすごく悪化させて、つらい20代を送るはめになってしまいました。

可愛げとは何かというと、「ダメなところがあったらどんどん言ってください。直します」という素直な姿勢です。「ただし、言うときはなるべくソフトにお願いします」とひと言そえておくと、必要以上に自分が傷つかないですみます。

もしかしたら「批判」や「非難」という言葉がよくないのかもしれません。

「批判」「非難」ではなく「アドバイス」という気持ちで受け取ると、心が乱れないですみます。

社会は人間関係で成り立っていますから、引き立ててもらわなければ、チャンスは回ってきません。そういう意味では可愛げを見せることはとても大切です。

「私はここが至りません」とか、場合によっては「自分はもうバカなんで」と〝おバカスタート〟でやるとハードルが低くなります。「あれ？　それほどバカじゃないじゃないか」と思ってもらえれば、こっちのものです。

若いみなさんはどうか私の轍（てつ）を踏まずに、可愛げのある人生を送っていただきたいと思います。

カーネギーのアドバイス

自分の犯した愚行を記録しておいて自分自身を批判しよう。私たちは完全無欠を望めないのだからE・H・リトルのやり方を見習おう。偏見がなく、有益で、建設的な批判を進んで求めよう。

批判を気にしないためのプラクティス

- 「愚行メモ」をつけて、自分を戒めるのもあり。
- 批判や非難と取らずにアドバイスと受け取ろう。
- 「ダメなところは言ってください。すぐ直します」という可愛げがある態度を取ろう。
- 「自分はバカなんで」という〝おバカスタート〟もおすすめ。

第七章

疲労と悩みを予防し心身を充実させる方法

23

活動時間を一時間増やすには

休みながら、仕事ができる方法を編み出してみよう

◆悩みを回避するには疲労を避けること

この章は、カーネギーが疲労を予防する方法について述べています。悩みと疲労がどう関係するのか。「疲労がしばしば悩みを引き起こす、少なくとも悩みに感染しやすくさせる」とカーネギーは言っています。

たしかに体が元気いっぱいのときは少々の悩みがあっても、勢いで解決できそうな気がします。しかし疲労困憊(こんぱい)していたら、精神的な重圧にも負けてしまいそうです。悩みを回避するには、疲労を予防することも大事だというわけです。

ではどうしたら疲労を予防できるのか。「たびたび休養すること、疲れる前に休養せよ」とカーネギーは言います。それも週1回とか月1回まとめて休養するのではなく、

こまめに休養することが大切です。

なぜなら、疲労は驚くべき速度で蓄積するからです。たしかに今「睡眠負債(ふさい)」という言葉が注目されているように、寝不足が蓄積してしまうと、なかなか解消できず、それが負債になって、過労死まで結びついてしまうこともあります。

カーネギーはアメリカ陸軍の話として、訓練を受けた兵士でも1時間に10分ほど休息したほうが行軍(こうぐん)もはかどり、耐久力(たいきゅうりょく)も強くなる、と指摘しています。

また死ぬまで動き続けると思われている心臓でも、実際には収縮するごとに一定の休止時間があるそうです。24時間に換算すると、15時間は休止しているそうですから驚きです。何が何でも休まずに続ければいい、というものではないのです。

◆休息を取れば、作業効率は4倍になる

休養をとる方法としてカーネギーは昼食後の昼寝をすすめています。10分ぐらいの昼寝なら、事務職の人でも取れるのではないか、というわけです。

もし昼食後に仮眠できなくても、夕食前に1時間、横になって体を休めれば、「起きている人生に一時間をつけ加えることになる」とカーネギーは主張します。

「なぜなら、夕食前の一時間の睡眠プラス夜間六時間の睡眠――合計七時間は、連続

八時間の睡眠よりもはるかに利益をもたらしてくれるからだ」

そしてはるかに利益をもたらしてくれる例として、経営学者のテイラーが行った鉄鋼会社での労働者の研究をあげています。

テイラーはある鉄鋼会社での労働者の疲労度と仕事量について研究しました。まずひとり当たり1日に運ぶ銑鉄（せんてつ）の量を12トン半に設定すると、正午には労働者が疲れ果ててしまうことがわかりました。

そこである労働者を選び出し、ストップウォッチに合わせて、たびたび休息するよう仕事量を調整してみたのです。

「銑鉄を持ち上げて歩け」「腰を下ろして休め」「持ち上げて歩け」「休め」と強制的に休息を入れていったところ、なんと彼は1日47トンものを銑鉄を運ぶことができました。

1時間あたりで換算すると、およそ26分働き、34分休息していた計算になります。しかし、働く時間より休む時間のほうが長かったにもかかわらず、他の労働者が1日12トン半しか銑鉄を運べなかったのに、その4倍もの仕事をすることができました。

疲れる前に休息することで、まったく休まなかったときよりもっと多くの仕事をすることができるのです。

◆横になりながら勉強したり、ファミレスで仕事をする

しかしながら、忙しい現代社会で暮らす私たちが毎日昼寝をしたり、夕食前に1時間、横になる時間は取れないでしょう。ましてや、これから仕事を覚えなくてはいけない若いみなさんが、昼寝をするのは難しいと思います。

一番いいのは、仕事をやりながら休むという方法です。仕事をしているのに、実は休んでいる。マグロが泳ぎながら寝ているのと同じで、そのとき必要な機能だけ働かせて、あとは全部休ませるというやり方です。

たとえばデスクで考えているふりをして、少しだけ目をつぶるとか（でも絶対寝てはいけませんよ）、何分かに1回はコーヒーを飲むとか、トイレに立つのでもいいと思います。

集中が途切れるように見えますが、結局はそれで体力が維持されるので、集中力が発揮されて、仕事の効率が上がるのではないでしょうか。

私の場合、中学、高校時代はひと一倍サボりたくて、勉強していても、すぐ休憩したくなる子どもでした。でも成績が下がるのは嫌なので、どうしたのかというと、サボりながら勉強する、という方法をいろいろ工夫してみたのです。

たとえばテレビを見ながら勉強するのをやったことがあります。すると、集中力は妨げられますが、長時間の勉強に耐えられるのがわかりました。寝ころがって勉強するのもやってみました。ベッドの上でやってみたら、書けませんでしたが、楽な姿勢なので、暗記はずっと続けることができました。

社会人になったあとも、校正や採点の仕事などを、自宅でひとりこもってするのは心がキツくなってしまって長時間続けられませんでした。

そこで1杯200円くらいでコーヒーが飲めるカフェに行って仕事をすることにしたのです。すると、1軒のカフェで1時間半くらい、3軒もカフェを回れば、たいがいの仕事は終わらせることができました。

カフェにいるので、仕事をしていても、どこか休んでいる雰囲気もあって、ひとり部屋にこもってするより、ずっと効率的でした。

そういえばほとんどの論文も、家族が寝たあと、深夜のファミリーレストランで書いたものです。「コーヒーを自由にお代わりできて、誰も邪魔しないし、ときどき人間観察もできるし、ファミレスっていいな」と思っていました。そんなふうに上手に休みながら仕事をしてみるのも、効率的なやり方だと思います。

カーネギーのアドバイス

軍隊でやっていることを見習って、時々休息しよう。皆さんの心臓と同じように働こう——疲れる前に休むのだ。そうすれば、あなたは起きているうちの人生に一日一時間をつけ加えることができるだろう。

活動時間を増やすためのプラクティス

- 考えているふりをして目をつぶって休もう。
- コーヒーを飲んだり、トイレに行ったりして、休憩を取る。
- ファミレスで仕事をする。

疲れの原因とその対策

24

よれよれの靴下になったつもりで、体をリラックスさせてみよう

◆まずは筋肉をリラックスさせて緊張を解く

ほとんどの疲れの原因は、精神的な要因からきているというのがカーネギーの意見です。たしかに楽しい遊びに夢中になっていると疲れを感じませんが、心理的に嫌なことを強制されると、ものすごく疲れを感じます。

精神分析医のハドフィールドは『力の心理学』という著書の中で「我々を悩ます疲労の大部分は精神的原因からきている。純粋に肉体的原因で消耗する例は実にまれである」と述べています。疲れの原因は肉体ではなく、精神的なもの、というわけです。

この精神的な疲労に対する対策は何かというと、まずは筋肉をリラックスさせること。「休め、休め。緊張をほぐせ。しかめっ面はやめろ。休め、休め」とカーネギーは

言います。

そしてリラックスさせるための具体的な方法を４つ紹介しています。要約すると以下の通りです。

1、いつでもリラックスしていること。体を古い靴下のように、しなやかにしておこう。私は古ぼけた栗色の靴下の片方を机の上に置いておく――常にしなやかにしていることを忘れないためだ。

2、できるだけ楽な姿勢で働くこと。体の緊張は肩のこりと神経疲労を引き起こすという点を忘れないこと。

3、一日に四、五回は自分を点検してみること。「私は実際以上に余計な労働をしてはいないだろうか？　私はこの仕事と関係のない筋肉を使っていないだろうか？」と自問するのだ。

4、一日の終わりに再び自問してみる。「私はどれだけ疲れているのか？　もし疲れているのなら、それは精神的労働に従事したためではなく、そのやり方のためだ」

要するに４つとも、ムダな緊張をなくせ、ということです。

オーストリアの女性作家ヴィッキー・ボーム（ヴィッキイ・バウムとも）は子ども時代に、元サーカスのピエロだった老人から貴重な教訓を受けたそうです。彼女が転んで怪我をしたときのこと。老人が助け起こし、こう言ったのです。

「あんたが怪我をしたのは、体を楽にする方法を知らんからだよ」「自分をよれよれの古い靴下だと考えるんだよ。そうすればいつも楽にしていられるよ」

「体をよれよれの靴下にする」というのは緊張をほぐし、リラックスするいいアイデアかもしれません。


私は高校時代に、どうやったら体をリラックスできるかをずっと考えていました。そしてわかったのは、呼吸法によってムダな力を抜くということです。

たとえばふつうに座って考え事をしているとき、お腹が緊張しているのに気がついたとします。するといま座って、考え事をするために、「お腹を緊張させること」はまったく必要ありません。お腹の緊張はムダ以外のなにものでもないのです。

あるいは頬杖（ほおづえ）をついていたら、その分首が楽になるはずですが、にもかかわらず、まだ首が緊張していたら、その緊張はムダそのものです。アレクサンダー・テクニークというのですが、ムダな筋肉の緊張に自分で気づいて、それを取っていき、パフォーマンスをあげるやり方があります。

高校時代はそうしたテクニックの研究をしていました。

緊張すると、呼吸が浅くなったり、止まってしまって酸素が脳に行きません。それでは考えも進まないので、鼻から息を吸い込んで、すぼめた口からできるだけ長く吐くという呼吸法を練習して、体をリラックスさせていたのです。

「古いよれよれの靴下」がピンとこない人は、呼吸法を取り入れて、体をリラックスするやり方を取り入れてみるのもいいと思います。

◆努力する感覚をなくしたほうがパフォーマンスは上がる

私たちは努力しなければいけない場面がくると、自然に肩に力が入って、筋肉が緊張してしまいます。でもそれはムダな緊張だとカーネギーは言います。なぜなら筋肉が緊張しても、脳の働きがよくなるどころか、むしろ逆に作用してしまうからです。

ですから休息して、「努力するんだ」という感覚をなくしたほうがいい、とカーネギーは言います。

たしかに私たちはずっと「努力が大事」と教えられてきましたが、考えてみると、本当にはかどっているときは、努力している感覚はあまりありません。好きな部活動のときを思い出せばいいと思います。

好きなものにはまって、夢中でやっているときは5時間でも10時間でも集中してできます。そういう感覚になれば、「努力」は必要ないのです。

野球の長嶋茂雄さんは、本当に野球が好きで好きでたまらなかったので、若い選手が練習を嫌だという理由がわからなかったそうです。みんなが嫌がる1000本ノックも嬉々としてやりました。

1000本やると、体が疲れてムダな力がうまい具合に抜けてくるそうです。その状態でバッティング練習に入ると、力が抜けた素晴らしいバッティングができました。だから長嶋さんは努力したという自覚がないのです。やはり天才は言うことが違います。

もっとも緊張がすべていけないわけではありません。緊張するのは自分に期待している裏返しでもあります。緊張があるからこそ全力を発揮できるという考え方も一方であります。ただ、カーネギーはムダな緊張がよくないと言っているわけです。

若いみなさんは仕事の場面で自分が緊張していることに気づいたら、息を鼻から吸って、口から少しずつ長く吐く呼吸法をしてムダな緊張を取ってください。

お客さんに会う前に、緊張しているようだったら、軽くジャンプして息をハアハア吐いて、体をちょっとほぐしてから会うと、いい具合に緊張感がほどけるでしょう。

疲れの原因を取るプラクティス

- 自分の体をよれよれの古い靴下だと思ってリラックスしよう。
- 鼻から息を吸い、口から長く吐く呼吸法をマスターしよう。
- 努力はムダな緊張を呼ぶので、必ずしもいいことではない。
- 軽くジャンプして息をハアハア吐けば、全身がほぐれてリラックスできる。

25

疲労を忘れ、若さを保つ方法

体をリラックスさせて、呼吸を整えれば心が安定する

◆悩みはため込まないで、吐き出すのが一番

疲労を忘れ、若さを保つ、すなわちアンチエイジングですが、それにはどうしたらいいかというと、「誰か信頼できる人に悩みを打ち明けること」だとカーネギーは言っています。

人は心の中に悩み事や心配事を抱え込んでいると、辛くなります。でも人にしゃべると、すっきりします。べつに解決策が示されなくても、しゃべっているうちに「まあいいか」という気持ちになり、心が整理されるのです。胸のつかえを吐き出して、デトックス（解毒）する感じでしょうか。

しかし話す相手は誰でもいい、というわけではありません。ベラベラ人に秘密をし

やべってしまうような人はもちろん避けるべきです。

というわけで、打ち明け話を聞いてくれる信頼できる人がいればいいのですが、いない場合、今はSNSを利用して、匿名で悩みを聞いてもらう方法もあります。

ヤフーの知恵袋のようなところに投稿すると、変な回答もありますが、見ず知らずの人が丁寧に答えてくれます。

ネットがなかった時代は、日記がその代わりになっていました。日記に打ち明け話を書くのは、自分でするセルフ・デトックスとでもいうのでしょうか。ただし、日記には人に見られたら困るようなことも書くので、時期が来たらさっさと処分したほうがいいと思います。

石川啄木（たくぼく）は、ローマ字で日記を書いていました。もしかしたら見られたときのことを考えていたのかもしれません。

そういえば私も10代のころ、いろいろ考え事をしていた時期に、父親から「そういうことはノートに書いたほうがいい」と言われて、せっせとノートに書いていた記憶があります。

若いころは、いろいろ鬱屈（うっくつ）した思いもあるので、悩んだときは文章として日記に書

いていくと、人に打ち明け話をしたのと同じような効果が期待できるでしょう。

◆悩みをこじらせないための5つの方法

人に打ち明ける以外に、カーネギーはいくつかの方法をあげています。要約してご紹介しましょう。

1、感銘を受けた作品のために、ノートか切り抜き帳を用意すること。その中に、あなたを感動させ向上させる詩、短い祈りの言葉、引用文などを貼っておくことにする。
2、他人の欠点にいつまでもこだわらないこと。
3、近所の人々に関心を持つこと。
4、今晩ベッドに入る前に明日のスケジュールをつくること。
5、最後に、緊張と疲労を避けること。リラックスすること！ くつろぐこと！

1は、いいなと思った言葉や文章を書き留めておくことです。今ならスマホにメモするとか、パソコンに集めておくのもいいでしょう。

2は、人のあら探しをしないということ。人の欠点を探していくとキリがありません。カーネギーは夫に文句ばかり言っている女性が、夫の長所を書き上げていったら、今の相手が理想的な配偶者だと気づいた、という例をあげています。

3は、自分の生活に関わりがある人に、好意的な興味を持つことです。「自分には一人も友人がいない」と言っている女性に対して、カーネギーはいたるところで人に話しかけるようアドバイスし、好感を持たれる人物に変えた事例を書いています。

4は、いつも自分が仕事に追いまくられていると感じている人におすすめです。私も手帳に予定を書き込むようにしたら、どんなに仕事が忙しくても落ち着いていられるようになりました。

5のリラックスする方法については、カーネギーは6つの方法をあげています。ポイントを要約すると、

① 疲れたと感じたときは、床に横たわって、全身を伸ばす。これを一日二回行う。
② 目を閉じる。そして自然や宇宙と自分が調和している感覚を味わう。
③ 時間がなくて横になれないときは、椅子に腰かけてやってもいい。
④ ゆっくりと爪先（つまさき）を緊張させ、それからゆるめる。足の筋肉を緊張させ、ゆるめ

る。全身の筋肉を下から上へ同じ運動をする。そして首を回し、筋肉に対して「休め、休め」と言い続ける。

⑤ ゆっくりと安定した呼吸で神経を鎮（しず）める。

⑥ 眉間のしわや口元のしわなど、顔のとげとげしさに気をつけて、しわをのばそう。一日に二回それを行う。

いずれもヨガなどでよくいわれていることです。体を楽にして、呼吸を整えるとリラックスできます。

◆自分がリラックスできる方法をひとつでも見つけておく

私は20歳くらいのときヨガを習いました。完全呼吸法といって、お腹が背中にくっつくくらい、息を完全に吐ききります。吐く、吐く、吐くという感じで吐ききって、それからスーッと息を吸う。すると、酸素が体のすみずみまで行き渡って、細胞がリフレッシュする気がします。

脳生理学者の有田秀穂（ひでほ）さんは、呼吸をリズミカルに整えることで、脳内物質のセロトニンが出て、心が安定すると言っています。

私はヨガの死体のポーズもよくやりました。死体になったつもりで、大の字になって横たわるのです。「何もかも知らん」という気持ちになって、とてもすっきりします。ヨガをやっている私の知人はこの死体のポーズとヨガ風の逆立ちだけで、心身が完全に整う、と言っていました。

「これをやれば自分の心が安定する」という方法を、たくさんではなく、ひとつでも見つけておけば、いいのではないでしょうか。

疲労を忘れ、若さを保つプラクティス

- 悩んだときは信頼できる人に打ち明ける。
- 打ち明ける人がいなければ、日記に書く。
- いいなと思った言葉や文章はスマホやパソコンに書き留めておく。
- 手帳に予定を書いておくと、心が落ち着く。
- 体を楽にして、呼吸を整える。

26

疲労と悩みを予防する四つの習慣

整理整頓して、優先順位を決め、どんどん決断し、人にまかせよう

◆断捨離もいいが、物に過剰に身を浸す時期も必要

勤務中にできる、疲労と悩みを予防する習慣を、カーネギーは4つ書いています。

勤務中の習慣その1　当面の問題に関係のある書類以外は全部机上から片づけよう。

これはいわゆる断捨離のようなものです。

「返事を出していない手紙、報告、メモが散らかっている机は、一見しただけでも混乱・緊張・悩みを引き起こすに十分である」とカーネギーは指摘します。

さらに始末が悪いのは「処理すべきことは無数にあるのに、それを処理する時間が

ない」という思いに絶えず駆り立てられていることだ、と言うのです。

ペンシルバニア大学医学部のストークス博士は、しなければならないという義務感や緊張感が臓器の疾患に関係する、という報告を行っています。


私も、家1軒が何千冊という本で埋まっていたので、丸ごと処分した経験があります。長年の懸案事項だったので、本当にすっきりしました。

本に関しては、どうしてもいつか使う気がして、捨てられなかったのです。でも思い切って業者に全部引き取ってもらったら、「あれ、意外にすっきりするもんだな」と思いました。必要になったら、また買えばいいのですから。

私は部屋を片づけるのが苦手なので、「部屋を片づけないと仕事ができない」という説を聞くたびに、「そんなことはあるもんか」と思っていました。でも散らかっているからといって仕事ができるわけではありません。

「片づいているのと散らかっているのと、どちらがいいですか?」と聞かれたら、やはり「片づいているほうがいいです」というのが本音です。


ただミニマリストのように、何もないのはどうなのかな、と少し思います。「本は借りてくればいいので、1冊も持たない」という生活だと、知識欲が先細りしてしまう気がするのです。
たとえ読まない本があったとしても、ある程度の本に囲まれていないと、スケールが小さくなってしまうように思います。「物を少なく」という流行はわかりますが、イラストレーターのみうらじゅんさんのように、趣味のものを集めて、過剰さに身を浸(ひた)すという時期も、一生の間にはあってもいいのではないでしょうか。

◆できる人は決断が早く、先のばしにしない

カーネギーがあげる「勤務中の習慣」の2と3はなかなか参考になります。

勤務中の習慣その2　重要性に応じて物事を処理すること。

勤務中の習慣その3　問題に直面した時、決断に必要な事実を握っているのだったら、即刻その場で解決すること。決断を延期してはならない。

カーネギーによると、人は必ずしも物事を重要性に応じて処理しないというのです。

しかし仕事において優先順位はひじょうに重要ですから、**若いみなさんは上司や先輩から仕事をふられたら、つねに優先順位を考えるようにしましょう。社会では、優先順位がつけられる＝仕事ができる人、なのだと覚えておきましょう。**

劇作家バーナード・ショーは、毎日5ページ書くことを優先順位の1位として、9年間それを続けたそうです。もし彼がこれを守れなかったら、一生、一銀行員として終わっていただろう、とカーネギーは述べています。

決断できることはその場で決めて、持ち越さないというのも、仕事をする上ではひじょうに大切です。

私の同級生たちは、今企業のトップや役員をしている人間が多いのですが、彼らと飲み会の約束をすると、返事が異様に早いのにいつもびっくりさせられます。

メールの返事が即座にスパスパ来て、決定事項がすぐに決まります。大企業の重役なのに、こんなに早く返事が来て大丈夫なのか、と思うくらいです。そのうちのひとりは、毎朝6時ごろ出社して、何百通と来るメールを始業前にすべて処置する、と言っていました。

そういう人に共通しているのは、物事を先延ばしにしないことです。今決断できる

ものは今決めてしまう。そうやって前倒しで決断していくと、時間に余裕ができるので、次のことに取りかかりやすく、チャンスが増えるのです。

なかなか決断できないときは、人に話しながら決めるのがいいと思います。「AとBとCで迷っているんだけど、どう思う?」と聞いてみると、何となく自分の中で解答があるものなので、「Aにしてみたら」と言われると、「う〜ん」という感じになり、「じゃ、Bは?」「う〜ん」となり、「Cにしたら?」「そうだね、Cかも」と、すっきり決めることができます。

◆まかせられるものはまかせて、本業に集中する

勤務中にできる習慣の4つ目は次のことです。

勤務中の習慣その4　組織化、代理化、管理化することを学ぼう。

若いみなさんはまだ自分の部下がいないので、何でも自分でやらなければなりません。それでもコンピュータにまかせられることや効率化できることはどんどん進めて

いって、本来の業務に一番エネルギーが集中できるよう工夫すべきです。

会社の中で偉くなる人は、部下にどんどんまかせて、権限を移譲できる人です。

「大事業を打ち立てた人で、組織化、代理化、管理化することを学ばぬ人は、五十歳か六十歳の初期に心臓病でぽっくり死ぬであろう」とカーネギーも警告しています。


疲労と悩みを予防する勤務中にできるプラクティス

- 身の回りはできるだけ片づけよう。
- 優先順位を決め、決定できることはさっさと決めてしまおう。
- 決められないときは、選択肢をあげて人に相談してみよう。
- 何でも自分で抱え込まないよう、人にまかせることも覚えておこう。

27

疲労や悩みの原因となる倦怠を追い払うには

かったるいと思うことをゲームに変えて楽しんでしまおう

◆疲労感は肉体より精神の消耗に関係がある

悩みの原因のひとつは疲労であり、その疲労の一因が倦怠(けんたい)感、つまり「かったるさ」にあると、カーネギーは言います。みなさんも仕事や勉強にかったるさを感じると、必要以上に疲れが押し寄せることがあるのではないでしょうか。

カーネギーは疲労感について「肉体の消耗(しょうもう)よりも、人間の心理状態に密接な関係がある」と言っています。そういうときは、自分がやっている作業を遊びのように楽しくしてしまうのが一番です。

ある男性が工場でボルトをつくる仕事にたずさわっていました。彼はその単調な仕事に飽き飽きしていたのですが、生活するためには仕事をやめるわけにはいきませんでした。

そこで何とかその仕事を楽しいものにするために、仕事をゲームに変えようと決意したのです。そばにいる工員たちを誘って、誰が一番多くボルトを製造できるかを競いました。やがて彼は誰よりも早く、正確に、多くのボルトをつくることができるようになりました。

その働きぶりが現場主任の目に止まり、男性は昇進します。30年後、男性は世界でも有数の機関車製造会社の社長になっていました。

「もし彼が退屈な仕事を楽しくしようと決意しなかったら、彼は一生、機械工として暮らさなければならなかったであろう」とカーネギーは述べています。


仕事ではありませんが、大学の授業も単調に続けると学生が寝てしまいますので、私はゲーム化するようにしています。学生同士チームを組んで順位を競わせたり、ストップウォッチを使って、何分で仕上がったら勝ち、というような工夫をすると、授業も盛り上がります。

ヨハン・ホイジンガの『ホモ・ルーデンス』という本には、人間は遊びによって進化したと書かれています。ホモ・ルーデンスは「遊ぶ人」という意味。人間の本質はそもそも遊ぶことなのですから、**たとえ嫌な仕事や勉強であっても、遊びに変えていく工夫ができたら、効率もあがり、疲労感も軽減できるのではないでしょうか。**

◆自分を励ますもうひとりの自分を持つ

「かったるさ」をひきずらないためには、毎日、自分で自分を励ます言葉をかけるのがいい、とカーネギーは書いています。

「一日中、自分自身に語りかけることによって、勇気と幸福について、また権力と平和について考えるように自分を導くことができる」

また、「あなたは起きている時間の半分近くを仕事に費やしており、その仕事の中に幸福を発見できないのなら、幸福などどこにも見出すことはできないであろう」とカーネギーはアドバイスしています。

自分に話しかける習慣が倦怠感を取り除きます。ただし、話しかけるのは前向きな言葉に限ります。「ほんとにおまえはダメな奴だな」と自分を否定するような言葉を言っていると、本当にダメになってしまいますので、気をつけてください。

テニスコーチのガルウェイが書いた『インナーゲーム』という本があります。これは、テニスにヨガや瞑想の手法を応用したような本です。
心の中にはセルフ1とセルフ2の2人の自分がいて、セルフ1はセルフ2に対して、ずっと文句を言っています。それが私たちのふつうの状態です。そのセルフ1を黙らせる手法がインナーゲームです。
たとえば飛んでくるボールの縫い目が見えるくらいボールを見つめたり、打つときに声を出すなど、何か別なことに集中することによって、自分を罵倒するセルフ1の妨害を阻止するのです。

自分を励ます習慣を身につけると、自分の中に味方を持つことになります。他人は自分を否定しても、自分は自分を否定しない。「人は何と言っても、でも大丈夫」と言い続けると、必要以上に疲れることはなくなると思います。

倦怠感を追い払うプラクティス

- 嫌なことはゲームに変えてしまおう。
- 毎朝自分を励ます言葉を自分にかけよう。

28

不眠症で悩まないために

自分の睡眠パターンに合わせた活動をしよう

◆不眠症では死なないから、安心しよう

生活が夜型になっているため、現代社会は不眠で悩む人が多いと思っていましたが、100年前のカーネギーの時代も不眠症で悩む人はたくさんいたようです。しかし**不眠症で死んだ人はいないから、気にするな、**とカーネギーは一刀両断しています。

彼の受講生の中に慢性不眠症のために、自殺寸前までいってしまった人がいました。その受講生を追いつめたのは、不眠症ではなく、それについて悩むことでした。最終的に彼は医者から「眠れなくても平気だ。目を閉じたまま横になっているだけで休息できる」と言われて安心し、眠れるようになったということです。

法律学者のアンタマイヤーという人は生涯を通じて熟睡したことがありませんでし

た。喘息と不眠症という二重苦を背負い、朝までほとんど眠ることができなかったそうです。そこで彼は眠れない時間を利用して、懸命に勉強しました。その結果、天才児と賞され、大学に進学して弁護士になったのです。

彼は生涯、不眠症でしたが、そのことを悩まず、81歳まで長生きしたそうです。また彼はほかの人より長い時間勉強したり、仕事ができたので、人より多く稼げたと、カーネギーは賞賛しています。

ただ、現代に生きる私たちの場合、多くの人は朝起きる時間が決まっているので、眠れないと寝不足で1日をすごすことになります。これは体力的にも精神的にもキツいものがありますので、あまりに不眠症が続くときは、専門医にみてもらったほうがいいでしょう。**自分の睡眠サイクルやパターンがわかると、職業選択にも役立つと思います。**

私のところは祖母の代から朝が起きられない家系でした。祖母は明治生まれで、子どもが10人もいたのに、朝が苦手だったというのですから、相当なものです。父も私もそのＤＮＡを受け継いでいて、並はずれて朝が起きられません。

私は小学生で修学旅行に行ったとき、朝ごはんをみんなが元気に食べているのにびつくりしてしまいました。そんな朝早く私はご飯が食べられません。それがわかったので、高校のときの修学旅行では、「おれは朝ご飯いらないから」と言って、自分だけ押し入れで寝ていました。

「こんなに朝が苦手だとふつうのサラリーマンはできないな」とつくづく思い、そんなこともあって、大学で教員を務めることになったのです。大学の教員は、授業のスケジュールをかなり自分で組めます。朝が苦手な私には適職だったと思います。

◆熟睡するには体を疲れさせるのが一番

熟睡するのに必要なのは安心感だとカーネギーは書いています。医師のヒズロップ博士は「眠りを促進してくれる最良の力は祈りである」と述べています。

祈ることが習慣になっていれば、祈ること自体が鎮静剤となって、やすらかに眠ることができるのです。

またジャネット・マクドナルドという女性は、眠れないときは、いつも聖書の詩篇第23「主は我が牧者なり、我、乏しきことあらじ。主は我を緑の野に伏させ、いこいのみぎわに伴いたもう……」をくり返すことで、安心感を得ていたそうです。

適度な運動も眠りを誘います。ガーデニング、水泳、テニス、ゴルフ、スキーなど、体を動かす活動をして、体を疲労させればよく眠れる、とカーネギーは書いています。カーネギー自身、少年時代、父親の仕事を手伝ってへとへとに疲れ、歩きながら寝たことがあったと書いています。

また、不眠症を直すために、鉄道の保線員になり、1日中線路で釘を打ったり、砂利をすくっていたら、クタクタにくたびれて食事もせずに眠りこけてしまった、という男性の例も記述されています。たしかに線路工事をすれば疲れそうです。

体が疲れれば、自然に眠くなるのです。

◆限界にくる前に、上手に休む工夫も

とはいっても、今の時代、肉体を酷使してクタクタになるまで働くのはどうかと思います。そんなことをしたら過労死してしまいます。

今はコンピュータがある分、ひとりで処理する仕事量が昔の何倍にも増えています。昔だったら手紙で悠長にやり取りしていればすんだのに、今はメールですぐレスポンスしなければなりません。スピードも判断力も求められます。

ですから**自分の頭や肉体が疲労で疲れすぎないように、自分自身で「ああ、限界にきたな」と思ったらゆるめる必要があるでしょう。**

さぼるのではありません。上手に休むということです。

そういえば、ルノアールという喫茶店では、座り心地がいいソファーで、疲れた営業の人がよく休んでいたものです。そんなふうに町なかで、どこか休み場所を見つけておくといいと思います。

あるいは昼休み、自分のデスクでもいいので、「ちょっと15分だけ休みますんで、そっとしておいてください」と頼んで昼寝をするのもアリでしょう。

国をあげて働き方改革なども進めているようですし、ここは上手に休憩を取りながら、体を休めて、自分の身は自分で守ることも大切だと思います。

カーネギーのアドバイス

❶眠れない時には、サミュエル・アンタマイヤーを見習うこと。眠くなるまで起きて仕事をするか、読書をしよう。

❷睡眠不足で死んだ者はいないことを思い出そう。不眠症について悩むことが、睡眠不足以上に有害なのだ。

❸祈るか、ジャネット・マクドナルドのように詩篇第二十三を繰

り返し読むこと。
❹体の力を抜くこと。
❺運動をしよう。起きていられないほど肉体を物理的に疲れさせること。

不眠症に悩まないためのプラクティス

- なるべく自分の睡眠パターンに合わせた生活をつくろう。
- 適度な運動をすれば眠くなる。
- 仕事でクタクタに疲れないよう、自分で休憩を取る習慣を。
- 町にひと休みできる喫茶店を見つけておこう。
- 眠いときはデスクで昼寝をするのもおすすめ。

おわりに

この本は悩みの正体を明らかにして、悩みを解決する原則を書いたものです。「この悩みにはこうした解決法がある」と言われただけで、もののとらえ方が変わってきます。

言葉は思考を変えていくのです。

カーネギーの本には名言や格言など、思考を変えてくれるような言葉がたくさん出てきます。たとえばリンカーンやマルクス・アウレリウスのような古代ローマ皇帝の言葉も出てきます。その言葉のひとつでも手帳に書きつけて、自分のものにしていくと、それが座右の銘になって、自分を救ってくれることがあります。

なぜなら、そうした言葉をくり返し見ていると、その言葉があたりまえになって思考の習慣になっていきます。すると行動が変わり、行動が変わると自分を取り巻く環境も変わるからです。
『道は開ける』には心理学者のウイリアム・ジェイムズの言葉がよく引用されています。思考が変われば、行動が変わり、行動が変われば環境が変わるというのは、有名な彼の考え方です。カーネギーはウイリアム・ジェイムズが大好きです。私も若いときから、ウイリアム・ジェイムズの本をよく読んできました。

カーネギーの本からたくさんの先人たちの言葉を知れば、思考が変わり、行動が変わり、環境が変わっていくでしょう。自分が大きな悩みを抱えていても、「先人たちはこんなふうに考えて解決してきたのだな」ということがわかると、先に希望の光が見えます。

自分ひとりで四苦八苦するより、先人たちの言葉から学んだほうがよりスムーズです。世の中には悩むのが大好きという人もいますが、できれば悩みがない人生のほうが楽しいのではないでしょうか。悩みの解決法を知った上で、趣味で悩むくらいがちょうどいいのではないかと思います。

この本がみなさんの悩みを解決することに役立てば幸いです。

【付録】『道は開ける』名言集

カーネギーの本には自身の言葉だけでなく、世界の偉人、各界の名士、学者など数多くの名言が登場します。彼が集めた名言を読むだけでも、教えられる点がたくさんあります。ここでは原著『道は開ける』に登場する名言を紹介します。

◆悩みに対する基本的な考察についての名言

・「明日のことを考えるな。明日のことは明日自身が考えるだろう。一日の苦労はその一日だけで十分だ」……イエス・キリスト

・「私の生涯は、恐ろしい災難に満ち満ちたものに思われたが、その大部分は、実際には起こらなかった」……モンテーニュ（哲学者）

・「事態をあるがままに受け入れよう。（略）起きてしまったことを受け入れることこそ、どんな不幸な結果をも克服する出発点となるからだ」……ウィリアム・ジェイムズ（心理学者）

・「最悪の事態を直視せよ」……デール・カーネギー

・「医師の犯している最大の過失は、心を治療しようとせずに、肉体を治療しようとすることだ。しかし、心と肉体は一つのものであり、別々に治療できるはずがない」……プラトン（哲学者）

「現代都市の喧噪の中で内心の安らぎを保てる人は、神経性疾患に冒されることはない」……アレクシス・カレル（医師）

◆悩みを分析するための名言

・「私に仕えるしもべは六人。（私の知っていることは全部彼らが教えてくれたのだ）彼らの名前は『なに』『なぜ』『いつ』『どのように』『どこ』『だれ』」……ラドヤード・キプリング（作家）

「ひとたび決断を下し、あとは実行あるのみとなったら、その結果に対する責任や心配を完全に捨て去ろう」……ウィリアム・ジェイムズ（心理学者）

◆悩むくせを早期に断つための名言

・「悩みは人間が活動している時ではなく、一日の仕事が終わった時に人間に取りつき、害をなすことが最も多い。（略）悩みに対する治療法は、何か建設的な仕事に没頭することだ」……ジェイムズ・L・マーセル（学者）

・「人生は短すぎる。小事にこだわってはいられない」……ディズレーリ（政治家）

・「『平均値の法則から見て、まず起こりえない』。この言葉によって私の悩みの九十パーセントは消え去りました」……ハーバート・サリンジャー夫人

・「あきらめを十分に用意することが、人生の旅支度をする際に何よりも重要だ」……ショーペンハウエル（哲学者）

・「幸福への道はただ一つしかない。それは、意志の力でどうにもならない物事は悩んだりしないことである」……エピクテトス（哲学者）

・「過去を建設的なものにする方法は、天下広しといえども、ただ一つしかない。過去の失敗を冷静に分析して何かの足しにする——あとは忘れ去ることだ」……デール・カーネギー

◆平和で幸福な精神状態ですごすための名言

・「私たちが日常生活で得られる心の安らぎや喜びは、自分の居場所や持ち物や、身分によって左右されるのではなく、気持ちの持ちよう一つで決まる」……デール・カーネギー

・「『肉体の腫瘍（しゅよう）や膿瘡（のうそう）』を取り除くよりも、心の中から誤った考えを取り除くことのほうに気を配るべきだ」……エピクテトス（哲学者）

・「人間は起こることよりも、起こることをどう評価するかによってひどく傷つくのだ」……モンテーニュ（哲学者）

・「いわゆる災いの多くは、それに悩む人の心の持ち方を、恐怖心から闘志に変えるだけで、祝福されるべき力強い幸せに変換できる」……ウィリアム・ジェイムズ（心理学者）

・「私が今日これから会おうとしているのは、おしゃべりで、利己的で自己中心的で、恩知らずの人間どもだ。だが私は別に驚きもせず、困ってもいない。そんな連中のいない世界など想像できないのだから」……マルクス・アウレリウス（ローマ皇帝）

・「私たちは自分をもっと恥じてもいい。私たちは明けても暮れても美しいおとぎの国に住みながら、目をふさいで見ようともせず、見飽きているためそれに喜びを感じないのだ」……デール・カーネギー

・「我々は本来あるべき姿にくらべると、ようやく半分だけ目覚めた状態にすぎない。我々が利用しているのは、肉体的にも精神的にも、自分の資質のごくわずかな部分だけだ。大雑把な言い方をすれば、人間は自分の限界のはるか手前のところで生活している。彼は種々雑多な力を有しながら、いつも決まってそれを発揮できない」……ウィリアム・ジェイムズ（心理学者）

・「私にはシェイクスピアに匹敵する分厚い本を書くことはできないが、私ならではの本を書くことはできる」……サー・ウォルター・ローリー（学者）

・「良くも悪くも、あなたは自分の小さな庭を育てねばならない。良くも悪くも、人生とい

うオーケストラの中で、あなたは自分の小さな楽器を演奏しなければならないのだ」……デール・カーネギー

・「窮乏に耐えるだけでなく、それを愛するのが超人である」……ニーチェ（哲学者）

・「我々の弱点そのものが、思いがけないほど我々を助けてくれる」……ウィリアム・ジェイムズ（心理学者）

・「もし私があれほどまでに病弱でなかったら、あれほど膨大な仕事を成就できなかったに違いない」……チャールズ・ダーウィン（自然科学者）

・「他人に対して善を行う時、人間は自己に対して最善を行っているのである」……ベンジャミン・フランクリン（政治家）

・「バラを献じたる手に余香あり」……中国のことわざ

・「自分のために命を得ようとする者はそれを失い、私のために命を失う者はかえってそれを得るのである」……イエス・キリスト

・「私にできる善行、私の示し得る親切はその場で実行しよう。ためらったり、怠ったりしないことにしよう。私はこの道を二度とは通らないのだから」……セオドア・ドライサー（作家）

◆悩みを完全に克服するための名言

・「信仰は、人間が生きるよりどころとすべき力の一つだ。そしてそれが皆無となることは破滅を意味する」……ウィリアム・ジェイムズ（心理学者）

・「祈りがなかったら、私はとっくの昔に気が狂っていたであろう」……マハトマ・ガンジー（政治指導者）

・「空の鳥をよく見なさい。種もまかず、刈り入れもせず、倉にも納めもしない。だが、あなたがたの天の父は鳥を養ってくださる。あなたがたは鳥よりも価値のあるものではないか」……イエス・キリスト

・「求めなさい。そうすれば、与えられる。探しなさい。そうすれば見つかる。門をたたきなさい。そうすれば、開かれる」……イエス・キリスト

・「荒れ狂う海面の荒波も、大洋の底まで騒がすことはない。広大でかつ永久的な視野で現実を眺めている人にとっては、個人的な絶え間のない浮沈は比較的無意味なものに見える。したがって、真に宗教心のある人は動揺せず、平静に満たされている。そして、時がどのような義務をもたらしても、静かな心構えができている」……ウィリアム・ジェイムズ（心理学者）

・「憎しみのあるところに愛の、いさかいのあるところに許しの、疑惑のあるところに信仰の、絶望のあるところに希望の、闇に光の、悲しみのあるところに喜びの、種をまかせてください」……聖フランシスコ（修道士）

◆批判を気にしないための名言

・「世間には、自分たちより高い教育を受けた人間や成功した人々を悪しざまに言って、野蛮な満足感を味わっている連中が多数いる」……デール・カーネギー

・「君が教訓を学んだ相手は君を賞賛し、親切で、味方になってくれた人々だけだったのか？君を排斥し、君に立ち向かい、君と論争した人々からも大切な教訓を学ばなかったのか？」……ウォルト・ホイットマン（詩人）

・「我々の敵の意見は、我々に関する限り、自分自身の意見よりも真実に近い」……ラ・ロシュフコー（フランス貴族）

◆疲労と悩みを予防するための名言

・「悩み、緊張、感情の混乱こそ疲労の三大原因です」……メトロポリタン生命保険小冊子

・「もし全身が布製の古い人形のように柔軟な状態でなかったら、あなたはこの瞬間に、神経性の緊張と筋肉の緊張とを生み出しているのだ。皆さんは神経性の緊張と神経性の疲労とを生み出しているのだ！」……デール・カーネギー

・「秩序は天の第一の法則である」……ポープ（詩人）

・「人間は過労が原因で死にはしない。浪費と悩みが原因で死ぬのだ」……チャールズ・エヴァンズ・ヒューズ（アメリカ最高裁長官）

・「あなたは起きている時間の半分近くを仕事に費やしており、その仕事の中に幸福を発見できないのなら、幸福などどこにも見出すことはできないであろう」……デール・カーネギー

齋藤孝（さいとう　たかし）

1960年静岡県生まれ。明治大学文学部教授。東京大学法学部卒。専門は教育学、身体論、コミュニケーション論。『身体感覚を取り戻す』（NHK出版）で新潮学芸賞受賞。『声に出して読みたい日本語』（草思社）で毎日出版文化賞特別賞を受賞。同シリーズは260万部のベストセラーになり、日本語ブームを巻き起こした。主な著書に『読書力』『コミュニケーション力』（以上、岩波書店）、『語彙力こそが教養である』（KADOKAWA）、『大人の語彙力ノート』（SBクリエイティブ）、『言いたいことが一度で伝わる論理的日本語』『50歳からの名著入門』（以上、海竜社）等がある。著書累計発行部数は1000万部を超える。TBSテレビ「新・情報7daysニュースキャスター」、日本テレビ「世界一受けたい授業」等テレビ出演も多数。NHK Eテレ「にほんごであそぼ」総合指導。

22歳からの社会人になる教室②

齋藤孝が読む カーネギー『道は開ける』

2019年5月20日　第1版第1刷発行

著　　者　齋藤孝
発 行 者　矢部敬一
発 行 所　株式会社 創元社
〈本　　社〉〒541-0047　大阪市中央区淡路町4-3-6
電話06-6231-9010㈹
〈東京支店〉〒101-0051　東京都千代田区神田神保町1-2 田辺ビル
電話03-6811-0662㈹
〈ホームページ〉https://www.sogensha.co.jp/

企画・編集　書籍情報社
編集協力　辻由美子
ブックデザイン　上野かおる　中島佳那子
印　　刷　図書印刷

ISBN978-4-422-10124-8 C0311

本書の感想をお寄せください
投稿フォームはこちらから ▶▶▶▶